彩图版

阎崇年/主编

张 艳/编著

风云人物

清朝卷

知识出版社
Knowledge Publishing House

图书在版编目（CIP）数据

历史风云人物. 清朝卷/张艳编著. —北京：知
识出版社，2018.1

ISBN 978-7-5015-7757-6

Ⅰ.①历… Ⅱ.①张… Ⅲ.①历史人物—生平事迹—
中国—清代—青年读物②历史人物—生平事迹—中国—
清代—少年读物 Ⅳ.①K820.2-49

中国版本图书馆CIP数据核字（2013）第255354号

丛书编辑：王　宇　鞠慧卿

本书责任编辑：程广媛

责任印制：魏　婷

知识出版社 出版发行

（北京阜成门北大街17号　邮政编码：100037　电话：010-68315606）

网址 http://www.ecph.com.cn

新华书店经销

三河市双升印务有限公司

开本：710毫米×1000毫米 1/16　印张：12　字数：135千字

2018年1月第1版　2023年8月第3次印刷

ISBN 978-7-5015-7757-6

定价：38.00元

本书如有印装质量问题，可与出版社联系调换

引 言

清朝（1644 ～ 1911，1644 年建立全国性政权），是中国历史上最后一个君主专制王朝，也是中国历史上第二个由少数民族统治全境的中央政权。统治者为出身建州女真的爱新觉罗氏。1616 年，努尔哈赤建立王朝称汗，国号金，史称后金，定都于赫图阿拉（今辽宁新宾县老城）。1636 年，清太宗皇太极称帝且改国号为大清。1644 年，统治中原的明朝为李自成所灭，原明朝将领吴三桂引清兵入关，打败李自成的大顺军，随后多尔衮迎顺治帝入关，并迁都北京，清朝从此取代明朝成为整个中国的实际统治者。1662 年，永历帝朱由榔被俘杀，从此清王朝基本控制整个中国。

清朝共历 12 位皇帝：入关之前的努尔哈赤、皇太极，入关之后的顺治帝、康熙帝、雍正帝、乾隆帝、嘉庆帝、道光帝、咸丰帝、同治帝、光绪帝、宣统帝。其中康熙朝，平三藩、收台湾，清朝统一全国。后历经雍正朝、乾隆朝，因战乱而遭到严重破坏的经济、文化逐步得以恢复发展，这段历史被后人称为

"康乾盛世"或"康雍乾盛世"。但此后清朝也渐渐陷入中国历代世袭专制王朝的"兴起—鼎盛—衰落"宿命。清朝从乾隆末年开始有衰落的迹象，政治日渐腐败。继位的嘉庆帝和道光帝也失去了早期君主锐意进取的精神，执政风格趋于保守和僵化。

清朝初期，统治者为了巩固地位，通过剃发易服来抑制人民。对内采取民族分治的政策，制造文字狱，压制进步思想；对外实行海禁，闭关锁国，轻视外国先进科学技术。这些政策在一定程度上维护了清朝的疆域及社会稳定，但却导致了此起彼伏的民族问题和末期的极度贫弱。

鸦片战争爆发后，列强纷纷以武力逼迫中国开放市场，并签订了一系列不平等条约。19世纪末八国联军入侵，庚子赔款后清朝已无力再抵御外来入侵。清朝后期在西方列强的炮火威胁下，不得不打开国门并尝试维新变法，但此时国家早已极度贫弱，加之在统治者防汉抑汉思想的重压下，维新变法以失败告终。随后清政府又接连被迫签订了包括割地赔款在内的一系列不平等条约，导致近代中国走向衰落。

1911年，辛亥革命爆发后，各省纷纷宣布独立，清王朝灭亡。

第一编
皇室篇

第二编
将相篇

第三编
文化艺术篇

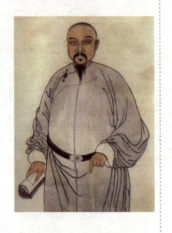

第四编
科学技术及其他篇

清朝历史上共有 12 位皇帝。本编选取对清朝历史发展产生重大影响的 7 位皇帝，以及对这段历史发展有深刻影响的多尔衮和慈禧两位风云人物进行具体的介绍。爱新觉罗·皇太极，于 1626 年继后金汗位，1627 年改年号天聪，1636 年在沈阳称帝，建国号大清，为清王朝的建立和后来统一中国打下了坚实的基础。清世祖顺治皇帝爱新觉罗·福临是清入关后的第一位皇帝。顺治朝结束时，清朝击败了各种抗清势力，完成了全国的统一。清圣祖康熙皇帝爱新觉罗·玄烨是清入关后的第二位皇帝，他平定三藩叛乱，收复台湾，开创了中国封建社会最后一个盛世。清世宗雍正皇帝爱新觉罗·胤禛是清入关后的第三位皇帝，他对有碍于皇权的反对势力大加挞伐，为乾隆朝社会的繁荣奠定了雄厚的基础。清高宗乾隆皇帝爱新觉罗·弘历是清入关后的第四位皇帝，他在将康乾盛世推向顶峰的同时，也亲手将它融入了低谷。清德宗光绪皇帝爱新觉罗·载湉是清入关后的第九位皇帝，甲午之战中力主开战反击，支持维新变法，但因变法失败而遭幽禁。清宣统皇帝爱新觉罗·溥仪是末代皇帝，他是醇亲王载沣之子，在辛亥革命的浪潮中被逼退位。

爱新觉罗·多尔衮是努尔哈赤第十四子，皇太极之弟。他虽没有当过大清皇帝，但是他是完成大清一统基业的关键人物，清朝入关初期的实际统治者。

清皇室历史上还出现了两位著名的女性，一位是孝庄皇后，另一位就是慈禧太后，以皇太后身份垂帘听政，人称"无冕女皇"，她们的执政能力亦褒亦贬，颇受争议。

清朝的统治者中，既出现了"千古第一帝"的康熙，也有丧权辱国的慈禧。这个中的因由，还需我们一起进行历史的拆解。

革弊图新

皇太极

■ 名片春秋 I

皇太极（1592～1643），后金第二代君主，大清创建者，史称清太宗，杰出的政治家、军事家、战略家，协助努尔哈赤建立大金国。1626年继位后金可汗，1627年改年号为天聪。1636年称帝，改国号为"大清"，改元崇德。他一生最大的转折是从后金汗到大清帝，在位期间，既固本又维新，为大清皇朝兴旺发达、迁鼎燕京、平定中原打下了坚实的基础。

▲ 努尔哈赤像

■ 风云往事 I

◇ 戎马成才　夺取汗位 ◇

皇太极是清太祖努尔哈赤第八子。皇太极出生时，努尔哈赤正从事统一女真族的事业。皇太极生来面色赤红，眉清目秀，行动稳健，举止端庄。他聪明伶俐，记忆力非常好，一见即识。因少年丧母，他受到父亲努尔哈赤的偏爱，跟随父兄，迅速成长，能文能武，智勇双全。女真族及先世女真人素以尚武著称，皇太极非常喜爱学习这些民族传统文化，从小就参加打猎，练得勇力过人，步射骑射，矢不虚发。沈阳实胜寺曾藏有他用过的一张弓，矢长四尺余，不仅一般人难以拉动，就是壮汉也很难拉开，而皇太极当年却运用自如。

皇太极在参加作战和协助努尔哈赤治理国家的过程中逐渐崭露头角。据文献记载，皇太极早期参与的较大军事行动是对乌拉的作战，当时的皇太极年仅 20 岁。万历四十四年（1616）正月初一，在新年来到之际，皇太极同诸兄弟们一起为努尔哈赤举行了庄严而热烈的仪式，上尊号"覆育列国英明汗"，建立金国，也叫大金或后金，年号天命。在后金时期的主要战争中，皇太极献智献勇，都发挥了重要的作用。在后金与明朝的第一次大决战萨尔浒之战中，皇太极为战争的胜利立下了汗马功劳。从而，他凭实力一步步赢得了父汗的信任与赏识。

努尔哈赤于天启六年（1626）八月病逝。皇太极经过重重斗争，继承了汗位。这次汗位易人，充满了复杂激烈的斗争。努尔哈赤临终前没有明确选出汗位继承人，而皇太极之所以能够登上大位，显然与他的显赫战功和深远谋略有关。当初，努尔哈赤扩建八旗，22 岁的皇太极就被委任为正白旗旗主。第二年，就成为"四大贝勒"之一的四贝勒（大贝勒代善、二贝勒阿敏、三贝勒莽古尔泰），成为满洲贵族的核心人物之一。皇太极跟随父亲南征北战，驰骋疆场，不但自己智勇过人，指挥的士兵也十分精锐。同时，他在努尔哈赤诸将中是"仅识字"的一个，不但有勇有谋，而且能文能武，被众贝勒推拥为君，也就是情理之中的事了。另外还有一个重要因素，当时势力最大、最有可能继承汗位的大贝勒代善，有着长远的眼光，为了后金的江山稳定而推立皇太极。基于这些原因，皇太极最终继位。

▲ 皇太极的腰刀

四大贝勒时期

皇太极继承大汗之位后，与其他三位亲王一同主持朝政，他们称和硕贝勒，被称为四大贝勒时期。

▲ 皇太极画像

皇太极一人面南独坐标志着集权统治的加强。过去诸贝勒率大臣朝见，只是以年龄大小分序，从此也按旗分，依次朝见。

◇加强集权　革弊图新◇

皇太极雄才大略，有着积极进取的思想，不愿做一个保守的大汗。他执政后，踌躇满志，从当时的内政出发，采取了一系列的有效措施，并取得了明显成果。

第一，安民。努尔哈赤晚年，汉人纷纷反抗后金的统治。皇太极继位后提出："治国之要，莫先安民。"他规定，凡国内汉官汉民，即使是从前想逃跑的及有"奸细"往来的，事属已往，不再追究。结果"逃者皆止，奸细绝迹"。他还强调满人、汉人"均属一体"，审罪、服役都不要有差别。同时，对汉人分屯别居，编为民户，禁止诸贝勒大臣属下私至汉官家勒索财物及进行骚扰。这些措施渐渐使汉人得到安定，视后金统治之地为"乐土"。

第二，重本。后金进入辽沈以后，大力发展农业经济。皇太极爱惜民力，停止修城筑墙，为的是"专勤南亩，以重本务"。他下令，八旗既已稳定，所有村庄田土以后就不要再变更了，对百姓的财产及所养牛羊鸡猪都不准任意抢夺。

第三，集权。皇太极继位之初，后金面临的形势十分严峻。由于多次对外掠夺而处境孤立，时时受到明朝、蒙古、朝鲜的威胁。在内部，贵族分权势力的矛盾和冲突日益严重。他虽继承了汗位，但实际上是同代善、阿敏、莽古尔泰三大贝勒"按月分值"政务，权力分散，事事掣肘，徒有"一汗虚名"。为了加强中央集权，皇太极采取了各个击破的手段打击分权势力，加强统治地位。天聪三年（1629），他建立了由满汉文人组成的"文馆"，从而为皇太极推行汉化运筹帷幄。天聪五年，又设立吏、户、礼、兵、刑、工六部，分掌国家行政事务。天聪六年，皇太极再废除与三大贝勒共理政务的旧制，加强自己的统治地位。另外，皇太极仿照明制，逐步建立国家统治机构，以取代八旗制度行使国家权力。天聪十年，又将"文馆"扩充为内国史院、内秘书院、内弘文院，统称"内三院"。稍后，又建立了都察院，改蒙古衙门为理藩院。皇太极通过这套政权机构，把权力逐渐集中到了自己的手中。

▲ 沈阳昭陵皇太极雕像

◇四面结盟　决战明朝◇

皇太极在国内大力实行改革时，也积极实施对外侵略的政策。他认为要战胜明朝，首先要征服蒙古和朝鲜，这既可以解除后顾之忧，又可以利用他们的力量共同对付明朝。天聪元年（1627），皇太极对朝宣战。命阿敏等人率3万大军入侵朝鲜，迫使朝鲜签订《江都和约》。1636年，皇太极又以朝鲜"屡败盟誓"、"助明害我"为由，亲率10万大军入侵朝鲜，国王李倧被迫投降，称臣纳贡，允诺与明朝断绝往来。对蒙古，皇太极采取"慑之以兵，怀之以德"的政策。首先争取与察哈尔林丹汗不和的科尔沁、喀喇沁等部的归附。天聪二年，皇太极发动对林丹汗的战争，导致其势力大减。天聪八年，林丹汗在青海大草滩出痘病死。天聪九年初，皇太极命多尔衮等率1万人渡黄河西进，统一了漠南蒙古。皇太极用联姻、赏赐、封王封爵并明确规定外藩功臣可世袭职位、与西藏僧俗头领建立联系等手段，取得了蒙古、西藏诸部的支持和效忠。

对皇太极最重要的考验当然是如何对付明朝。他采取的是表面与明廷"讲和"，麻痹明廷，侍机而战的战略。他以"讲和"为借口曾三次发动游击战争：第一次，皇太极巧施反间计，借崇祯之手杀了劲敌袁崇焕，逼崇祯自毁长城。第二次，皇太极直接深入明境，掠取宣府、大同一带。第三次，规模更大，兵势更猛。清军直接西略山西，东破济南。通过这

在明代被杀的边关守将中，袁崇焕的死大约是最冤屈的。他没有兵败失地之过，却生生被诬陷为投敌叛国，成为引清兵破边墙进犯京都的罪魁祸首。

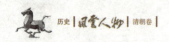
皇太极暴死之谜

历史记载皇太极"端坐无疾而终",后人推测是宸妃海兰珠的去世使他精神上受到打击,再加上战事的紧张,令其突发心脑血管疾病而死。

▲ 辽宁沈阳皇太极陵墓

几次战争,皇太极收到了逐步削弱明王朝的积极效果。之后,他发起了松锦之战,这是他统一中原的一场决战,明朝精锐丧失殆尽,加速了明朝的灭亡,为统一全国奠定了基础。

1643年,松锦之战后仅一年,皇太极在入关前夕突然病故。1644年,多尔衮辅佐皇太极的第九子福临在北京定鼎登基,完成了皇太极入主中原、统一全国的大业。

■ **历史评价** ┃

纵观皇太极一生的文治武功,用"鹰扬天下"来概括,是恰当的。皇太极一生不懈奋斗,是一位杰出的军事家和统帅。他称帝之后,或亲自领兵,或坐镇指挥,其军事活动是他帝业的重要组成部分。他在位期间建立了汉八旗,重用汉族知识分子,学习汉族的政治制度,加强了中央集权,使得清朝内部开始稳定,从而用极少的人口和资源来支持战争。这为后来清军入关、统一中原奠定了基础。在后金、大清建国史上,皇太极做过两件大事:一是改族名为满洲,二是改国号为大清,影响深远,史册永存。《清史稿·太

▲ 广东东莞袁崇焕纪念
园内袁崇焕雕像

宗本纪》对皇太极的评价是："允文允武，内修政事，外勤讨伐，用兵如神，所向有功。"这是对他最为公正的评价。

■**大事坐标** ┃

1592 年	出生，为努尔哈赤第八子，生母叶赫纳喇氏。
1626 年	即位于大政殿，以 1627 年为天聪元年。
1627 年	年初，发兵征朝鲜，同时，遣使与明朝宁远总兵袁崇焕议和。五月亲率大军征明，败于锦州而归。
1629 年	亲自率军绕道内蒙古奔入关内，袭击明朝，并巧设反间计，除掉了他进攻明王朝的心腹大患——明将袁崇焕。
1636 年	即皇帝位，称"宽温仁圣皇帝"，定国号为大清，改元为崇德元年。
1639 年	发动大凌河战役，取得清军攻坚战役的第一次胜利。
1642 年	取得松锦之战的全面胜利，加快了大清入关的步伐。
1643 年	逝世。

■**关系图谱** ┃

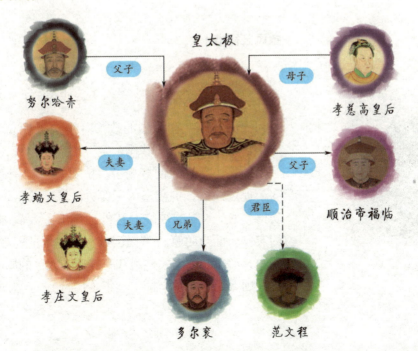

定鼎燕京

顺治帝福临

■名片春秋 |

顺治帝福临（1638～1661），清太宗皇太极第九子，清入关后的第一位皇帝。其母为博尔济吉特氏，即孝庄文皇后。6岁登基，年号顺治，在位18年。他继位后不久，清军入关，迁鼎北京。在位期间，他整顿吏治，重用汉臣，与民生息，为"康乾盛世"打下了基础。后因董鄂氏病逝，意欲出家，受到阻止，不久因患天花崩于养心殿，庙号世祖。

■风云往事 |

◇六岁登基　入关定鼎◇

福临幼年就在激烈的政治斗争中被拥立为帝。当年，皇太极带着"储嗣未定"的遗憾猝死，一场激烈的皇位争夺战便打响了。精明的多尔衮随机应变，提出建议，拥立皇太极第九子福临为帝，建议获得通过，6岁的福临就意外地坐上了大清国皇帝的宝座。而当时真正掌握国家实权的是他的叔父多尔衮，形成"关内关外咸知有睿王一人"的局面。

顺治元年即明崇祯十七年（1644），李自成带领

▲ 顺治通宝

农民军攻陷北京。崇祯帝自缢而死，标志明朝灭亡。多尔衮挥师取得了山海关大捷后，以明朝降将吴三桂军队为先导，率领八旗军攻入北京城。

多尔衮摄政时，建议定都北京。年方7岁的顺治帝，自然采纳多尔衮迁都的意见。同年十月初一，顺治帝在皇极门（今太和门）张设御幄，颁诏天下，"定鼎燕京"，完成了祖、父未完成的大业。他在多尔衮的辅佐下，"入关定鼎，奄有区夏"。所以，福临身后得到的庙号是"世祖"，而他的父亲皇太极的庙号仅是"太宗"。

福临登基之初，多尔衮总揽朝纲，地位也越来越高，称号由"叔父摄政王"进为"皇叔父摄政王"，直至"皇父摄政王"，相当于太上皇。

◇兴利除弊　整顿吏治◇

顺治七年多尔衮病逝，福临亲政。应该说，福临是位刻苦学习、励精图治的帝王。亲政十年间，其重要政绩就是兴利除弊，整顿吏治。

兴利除弊。第一，停止加派钱粮，减免苛捐杂税。清初兵荒马乱，军费繁重，民生艰难，百姓困苦。在此情况下再加派钱粮，很不得人心。福临在惩治多尔衮时，宣布取消这项加派，免除各省加派银250万两。第二，停止圈地。清军入关后，圈地占田，严重损害了农民利益。福临发布谕告，命户部行文地方官员，将以前圈占的田地归还原主。于是，清初大规模圈地的恶行从此基本停止。第三，平反冤案。他平反的最大冤案是肃亲王豪格。

整顿吏治。顺治吸取了明朝灭亡的教训，树立铁牌，禁止宦官专政，同时严惩贪官污吏。他亲政后不久就连下三道谕旨，斥责贪官剥削民财，不仅严格制法，还亲抓大案。另外，顺治限制了诸王特权。加强对内外官员的监督。他取消了理政王，强化了议政王大臣会议。

▲ 青年顺治帝画像

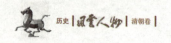

顺治帝重用汉官，汉官权力地位有了明显提高。他对汉人地主的上层人物，也极力笼络。其第十四女下嫁吴三桂之子吴应熊，以示优宠。

▲ 顺治帝接见五世达赖

◇倾心汉化　亲蒙治藏◇

福临对汉族文化非常感兴趣，酷爱书画艺术。因此努力学习汉族文化，并将其应用于自己的统治当中。他感到巩固统治的当务之急是收拢人心，安定社会。为此，他努力推行汉族的传统文化，号召臣民尊孔读经，提倡忠孝节义。通过全面倡导忠义，树立了清朝统治者传统道德捍卫者的形象，对消除广大汉族人民对清统治者心理上的隔阂，缓和民族矛盾，特别对安定汉族地主阶级的人心，产生了积极作用。在科举方面，福临采取八股取士，考儒家经典。他在争取汉族地主阶级、重用汉官方面，也进行了大胆的尝试和努力。

福临对汉官的信任政策，虽然在一定程度上稳定了汉族和满族之间的矛盾，但他始终也未改变清朝"首崇满洲"的既定国策，一到关键问题他又总是袒护满人。他对维护满洲贵族利益的五项政令，不仅从来不予触动，反而一再重申要坚持满洲的衣冠服饰。

福临极为重视与蒙古、西藏等边疆少数民族的联系。历史的与血统的、现实的与政治的因素，决定了福临采取亲善蒙古的政策。他谕示蒙古诸王，如有要求可以陈奏，还特别指出，在大清王朝，皇家世代为帝，蒙古世代为王。当时西藏的宗教首领是五世达赖喇嘛，顺治帝遣官往请五世达赖喇嘛赴京，后又赐予金册金印，这都表明清朝与西藏已有中央与地方的隶属关系。

◇消灭南明　统一中原◇

福临在位18年，无论是多尔衮专政时期，还是其亲政时期，做过的最大事情就是消灭南明及其他主要反清势力，完成了中原统一。

顺治九年，大西军将领李定国进行北伐，迅速占领广西、贵州等地。清王朝丧师失地，定南王孔有德兵败自杀，敬谨亲王尼堪被击毙。顺治立即调整政策，锐意进取，进行改革，积极推行宽松和招抚政策以缓和民族矛盾，对各地出现的反抗斗争他不主张一概坚决镇压。他任命老谋深算的汉臣洪承畴经略湖广、广东、广西、贵州数省，并授予其"便宜行事"的大权。洪承畴不负重托，到达江南后采取软硬兼施、剿抚并用的手段，终于使局势好转。不久，李定国死，其余部降。清军大胜，中原归一。

▲ 嵌珍珠珊瑚马鞍（顺治帝御用）

◇ 英年早逝 遗诏罪己 ◇

福临自亲政伊始，一心致力于国家的振兴。政治一新，但日渐力不从心，疲惫不堪。后因董鄂妃之死，他陷入了无法摆脱的困惑之中，心灰意冷到了极点，遂萌发出家之念，但因重重阻挠，出家不成。不久他染上天花，年仅24岁的青年天子便与世长辞了。福临遗诏实为罪己诏，主要是说明自己未能遵守祖制，渐染汉俗，重用汉官致使满臣无心任事，几乎完全否定了自己一生中最有光彩的政绩。

■历史评价|

福临戏剧性地登上了政治舞台，虽然在这个舞台活动的时间十分短促，但他的人生绝对是丰富多彩的。他的亲情，他的爱情，甚至他的死，都让人褒贬不一，一言难尽。这18年，前8年主要是摄政王多尔衮在发号施令；后10年才逐步实现乾纲独断，当上了主角。顺治帝当政期间：剃发、易服、圈地、占房、投充、逃逃，是其六大弊政。定鼎北京，保护皇宫；攻占南京，统一中原；废除三饷，兴利除弊；亲善蒙古，治理西藏；惩治贪官，整顿吏治；崇文兴教，倾心汉化，则是其六大功绩。历史学家对这段历史的评价可

▲ 顺治帝雕像

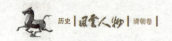
说是毁誉参半。但是，福临自亲政后，在其母孝庄文皇后的帮助下，整顿吏治，注重农业生产，提倡节约，减免苛捐杂税，广开言路，网罗人才，为巩固清王朝的统治做出了贡献，初创了清王朝走向强盛的新局面，为后世的繁荣昌盛奠定了不可磨灭的基础。

■**大事坐标** Ｉ

1638 年	出生，是清太宗皇太极第九子，其母为博尔济吉特氏，即孝庄文皇后。
1643 年	登基，于大政殿举行即位大典，1644 年改元顺治。
1644 年	明朝灭亡，定鼎北京。
1645 年	清军占领南京，弘光政权覆灭。重申剃发令，违者无赦。
1650 年	摄政王多尔衮逝于喀喇城，顺治帝亲政。
1653 年	册封达赖五世罗桑嘉措，确定了达赖喇嘛的西藏佛教领袖地位。
1655 年	于内十三衙门立铁牌，严禁宦官干政。
1661 年	去世，玄烨即位。

■**关系图谱** Ｉ

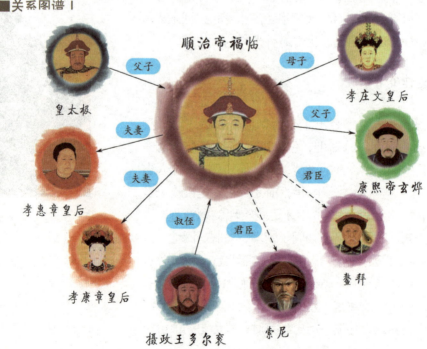

皇父摄政王

多尔衮

■名片春秋

多尔衮（1612 ~ 1650），努尔哈赤第十四子，皇太极之弟。清朝初期杰出的政治家和军事家，是完成大清一统基业的关键人物，清朝入关初期的实际统治者。16 岁封贝勒，25 岁因战功封和硕睿亲王，32 岁辅政，称摄政王。1644 年指挥清军入关，清朝问鼎中原，后封皇父摄政王。39 岁去世后，先被追尊为成宗义皇帝，后被顺治帝追论谋逆罪削爵。1778 年乾隆帝为其平反，复睿亲王封号，评价其"定国开基，成一统之业，厥功最著"。

■风云往事

◇智勇双全 少年得志◇

努尔哈赤去世时，多尔衮只有 15 岁。但他懂得明哲保身。他一方面紧跟皇太极，不断博取皇太极的欢心和信任，又绝不显示自己的野心；另一方面在战场上以超人的勇气和才智，不断取得战功。1628 年，他初次随皇太极出征蒙古察哈尔多罗特部，因作战勇猛，屡立战功，不久就继任了固山贝勒。

▲ 多尔衮朝服像

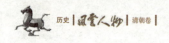

多尔衮少年得志，这为他将来的进取奠定了基础。

当然，使他名声大振的是征服朝鲜和攻击蒙古察哈尔部之役。两役之后，战局顿时改观，皇太极解决了后顾之忧，便可全力对付明朝。皇太极在1636年改国号为清，年号崇德，面南称帝，与明朝已处在对等地位。多尔衮在这两大战役中所立的战功，也使他的地位继续上升。皇太极称帝后，论功行封，多尔衮被封为和硕睿亲王。在此之后，多尔衮几次率师攻明，均获辉煌战绩。多尔衮并不是一介武夫，这点连皇太极也看得很清楚，他便把六部之首的吏部交给他统摄。在统辖六部的过程中，多尔衮锻炼了自己的行政管理能力，为他后来的摄政准备了条件。

根据多尔衮的建议，皇太极对政府机构进行了重大改革，确定八衙官制。文臣武将的袭承升降、王公贵胄的管理也要经他之手。

◇拥立幼主　以退为进◇

1643年，皇太极突然死去，并没有对身后之事做任何安排，表面上王公大臣一片哀痛，实际上各方势力暗流涌动。竞争最激烈的是豪格和多尔衮。

果然，皇太极死后不久，双方就开始积极活动，进而由幕后转为公开。阿济格和多铎劝多尔衮即位，但多尔衮观察形势，没有立即答应。多铎转而又提代善为候选人，代善则以"年老体衰"为由力辞，既提出多尔衮，又提出豪格。豪格见自己不能顺利通过，便以退席相威胁。多尔衮见机行事，迅速提出立皇太极幼子福临为帝，自己和济尔哈朗为左右辅政，待其年长后归政。这一建议，大出众人所料。多尔衮以退为进，自己让了一步，但是却掌控着国家的主权。

就这样，多尔衮妥善地处理了十分棘手的皇位争夺问题，自己也向权力的顶峰

▲ 多尔衮（右）与豪格（左）画像

迈进了一步。这一方案不仅避免了八旗内乱，保存了实力，维护了上层统治集团的基本稳定。

◇定鼎北京　统一全国◇

多尔衮善于抓住战机，亲率大军挥师入关，定鼎北京。1644年三月，李自成的大顺军攻占北京，崇祯皇帝吊死煤山，京城一片惶恐疑惑。多尔衮亲自集结军队，向山海关进发。他充分利用了汉族内部的阶级矛盾，挟制了吴三桂，使他不得不充当清军入主中原的马前卒。清军在没有遇到任何抵抗的情况下兵临北京。在稳定北京及周边局势的情况下，多尔衮迎接顺治帝从沈阳来到北京，宣布福临在北京定鼎登基，从而宣告了明朝的灭亡和清朝政权对全国的统治。

清朝虽已定鼎北京，但是退居西安的李自成大顺军仍有几十万军队，另一支农民军在张献忠的率领下已建大西国于成都。明朝残余势力拥戴福王朱由崧为帝，定都于南京，改年号为弘光。在这种情况下，多尔衮的战略是：对农民军的主要力量坚决消灭，其中对地方小股起义军、"土贼"则剿抚并用；而对南明政权则是"先礼后兵"。至顺治二年（1645），农民军连战失利，李自成死于九宫山。这时多铎军已克扬州，接着，清军渡长江，南京不战而降，朱

多尔衮占领北京之后，严禁抢掠，停止剃发，为崇祯帝发丧，博得了北京士绅的好感，很快便稳定了形势。

▲ 摄政王多尔衮敕谕

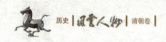

由崧被俘，弘光政权灭亡。

理藩院开始主要掌蒙古事，随着清廷全国政权的建立，成为总管蒙古、西藏、新疆等少数民族地区事务的中央机构。

◇权倾朝野　不得善终◇

顺治元年十月，多尔衮被封为叔父摄政王后，俸禄、冠服、宫室之制均超过一般亲王。第二年，多尔衮称"皇叔父摄政王"，重新规定了各项仪注，如跪拜等，几乎与皇帝没有区别。到顺治五年，他成为"皇父摄政王"，权势地位已达到无以复加的程度。

多尔衮以摄政王的身份，接管国家的大小政务。在政治体制上，多尔衮将明朝制度和满族制度相结合，运用到管理国家上。除满官权重这一点外，还设立了议政王大臣会议、理藩院等机构。对于吏治，除整顿旧官之外，多尔衮还注意选用新人，规定了重开科举的制度。在经济上，多尔衮发布"大清国摄政王令旨"，向全国人民宣布取消明末加派，恢复和发展经济。清政府按万历年间则例征派赋税，免除了天启、崇祯时期的加派，不过，万历末年加派之辽饷照征如故。另外，由于连年战争，经济支出庞大，所以一些"杂费"的征派也在逐年增加。在民族关系和对外政策方面，他继承了其父兄的政策，对漠南蒙古友好相待。

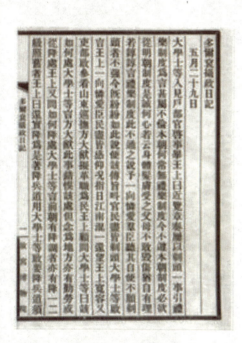

▲《多尔衮摄政日记》书影

随着权力的迅速增长，多尔衮的个人欲望也变得越来越膨胀。睿王府金碧辉煌，宏伟壮丽，比皇宫有过之而无不及。顺治七年，多尔衮病死在边外喀喇城，年仅 39 岁。福临卜诏为他举行国丧，追尊其为"懋德修道广业定功安民立政诚敬义皇帝"，庙号成宗。但不久，福临就开始对多尔衮进行清算，追夺一切封典，毁墓掘尸。多尔衮死后两个月，突然从荣誉的顶峰跌落下来。

■历史评价 |

多尔衮死后遭到清算，对于他辅政或摄政的功过在很长时间里没有得到公正的评价。直到乾隆三十八年（1773），乾隆帝才给多尔衮以比较公正的历史评价："定鼎之初，王实统众入关，肃清京辇，檄定中原，前劳未可尽泯"；但指出他"摄政有年，威福自尊"。

先看他的六大功绩：第一，文武兼长，屡立战功。多尔衮能文能武，多次统军出征，屡立大功。第二，皇位让贤，能识大体。两次争夺皇位，特别是第二次争夺皇位，多尔衮以满洲整体利益为重，顾全大局，退出皇位之争。做摄政王后，他克制了对皇权的欲望，没有做出篡权夺位的举动。第三，抓住时机，统兵入关。在闯王陷京、崇祯自缢的重大历史关头，多尔衮抓住时机，统兵进关；辅佐年幼的顺治皇帝，移都北京，定鼎中原，建立清朝统治。第四，定鼎北京，保护皇宫。多尔衮力排众议，迁都北京。在中国皇朝历史上，大一统皇朝利用前朝宫殿，仅此一例。第五，安定官民，废除三饷（辽饷、剿饷、练饷）。多尔衮进关后，宣布"官仍其职、民复其业、录其贤能、恤其无告"和宣布"废除三饷"等重大政策。第六，重用汉官，统一中原。对投降的汉族官员加以任用，迅速稳定政局。

再看他的六大弊政：剃发、易服、圈地、占房、投充、逋逃。这些错误的做法扰乱社会秩序，破坏中原经济，加深民族矛盾，带来严重后果。所谓"扬州十日""嘉定三屠"，杀人数字可能有出入，但多尔衮违背皇太极对汉人的政策，杀人过多，是其重大错误。

可以说，多尔衮是一个非常复杂的政治人物，其功过是非令人一言难尽，单是那桩以他为男主角的

多尔衮死后突然从荣誉的顶峰跌落下来，但他对清朝所立下的不世之功绝不是政治对手们对其的几条欲加之罪所能掩盖的。

太后下嫁源于张煌言的《建夷宫词》：上寿觞为合卺尊，慈宁宫里烂盈门。春宫昨进新仪注，大礼恭逢太后婚。

"太后下嫁"疑案,已经让历史学家们千考万索,也令老百姓至今还在街谈巷议。

■大事坐标 |

1612 年	出生,努尔哈赤第十四子,生母阿巴亥。
1620 年	以八龄幼童跻身参预国政的和硕额真行列。
1626 年	努尔哈赤去世,其母殉葬,失去依靠。
1628 年	初次随皇太极出征蒙古察哈尔多罗特部,立下战功,继任固山贝勒。
1631 年	参加大凌河之役。
1635 年	率军肃清察哈尔部残敌。
1640 年	作为松锦决战的主将之一走上战场,迫使明守将祖大寿投降。
1644 年	率清军入北京。不久成为叔父摄政王。
1648 年	称皇父摄政王,掌握军政大权,成为清的实际统治者和最高决策人。
1650 年	卒,福临亲政。

■关系图谱 |

千古一帝

康熙帝玄烨

■名片春秋 |

康熙帝玄烨（1654～1722），清圣祖仁皇帝，清朝第四位皇帝，大清定都北京后的第二位皇帝。其年号康熙：康，安宁；熙，兴盛——取万民康宁、天下熙盛的意思。康熙帝8岁登基，在位61年，是中国历史上在位时间最长的君主。他打下了清朝兴盛的根基，开创了"康乾盛世"的大好局面，是一位英明的君主、伟大的政治家。

■风云往事 |

◇勤勉好学 文武双全◇

　　康熙帝玄烨8岁丧父，10岁又丧母。幼年的不幸激励着他努力学习。在学习方面，玄烨展现出极高的天赋，自5岁开始读书以来，便好学不倦，苦读不辍。在所有书籍中，玄烨最用心读的还是儒家经典。他在出巡途中深夜乘舟，或居行宫，谈《周易》，看《尚书》，读《左传》，诵《诗经》，赋诗著文，习以为常。直到花甲之年，仍手不释卷。他对西方科学也有浓厚兴趣。他向来华传教士学习代数、几何、天文、医学等方面的知识，并颇有著述，还

▲ 青年康熙帝

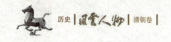

编写了优秀的科学著作，这在中国古代帝王中极为罕见。

玄烨自幼习武，精于骑射。他曾在多伦会盟时，开硬弓命中很远的靶子，令到场的蒙古王公惊骇不已；每每围场狩猎，玄烨总是能打到很多野兽；前一天学习到深夜，第二天一早仍尽兴驰骋以至累垮两三匹马，足见玄烨精力旺盛。

玄烨文武双全，颇有智谋。年仅 16 岁的他，在祖母太皇太后孝庄文皇后的帮助下，智擒鳌拜，赢得了与辅政大臣的斗争，开始了自己掌权亲政的时代。

◇集中皇权　发展经济◇

在政治上，玄烨进一步加强了皇权。他表示"天下大权当统于一"。为此，他一方面通过各种手段，采取强有力的措施，削减王公大臣们的权力，如剥夺各旗王公干预旗务的权力，破除"军功勋旧诸王"统兵征伐的传统，削弱议政王大臣会议的政治影响等。另一方面，玄烨亲自控制用人之权、奖惩之权，不许大臣干预，加强自己的权力；并设立密奏制度，以广泛体察下情。这种统治方式为雍正、乾隆二帝继承和发展，并为清朝其他皇帝所沿用。

在经济上，玄烨在继续采取轻徭薄赋，与民生息政策的同时，又采取了一系列措施恢复和发展农业生产。他下令停止圈地，多次减免赋税，鼓励生产，大大地发展了农业经济。他先后 6 次下江南巡察黄河和水利，修黄河、淮河、永定河。玄烨的重农治河，兴修水利，取得了前无古人的成就。

◇兴文重教　编纂典籍◇

玄烨重视文化教育。他本人精通满、蒙、汉三族文字，具有极高的文化修养。他亲自主持编纂了

▲ 康熙帝读书图

许多重要的典籍,譬如《康熙字典》《佩文韵府》《清文鉴》《康熙全览图》《古今图书集成》。玄烨主持编纂的典籍有 60 多种,大约有 2 万卷,是中华民族文化的无价之宝。康熙时代真正实现了多民族文化空前的大融合和大发展。

◇平定三藩　统一台湾◇

在玄烨励精图治、统一全国的宏图大业中,最重要的便是平定三藩之乱。"三藩",是指云南平西王吴三桂、福建靖南王耿精忠和广东平南王尚可喜之子尚之信。"三藩"都拥有大量武装,特别是吴三桂。他们仗着自己日益壮大的力量飞扬跋扈,不听约束,给清以很大威胁。1673 年,康熙帝决定下令"撤藩"。同年吴三桂在云南发动叛乱,并于次年派将率军进攻湖南,攻陷常德、长沙、岳州等地。他又派人四处散布檄文,煽惑鼓动,许多地方大员纷纷叛清。接着,福建耿精忠亦叛。在短短数月之内,云南、贵州、湖南、广西、福建、四川六省陷落,清朝面临着巨大的危机。随后,陕西提督王辅臣、广东尚之信等也相继反叛,变乱扩大到广东、江西和陕西、甘肃等省。1676 年,福建耿精忠在清军进攻下被迫投降。广东的尚之信也于 1677 年投降。福建、广东以及江西都先后平复。1678 年八月,吴三桂死,其部将迎立其孙吴世璠继位,退居云贵。此后,清军先后收复湖南、广西和四川。1681 年,清军攻破昆明,吴世璠自杀。

1683 年,清以施琅为福建水师提督,率军统一台湾,设台湾府,隶属福建。台湾府下设三县——台湾县(今台南)、凤山县(今高雄)、诸罗县(今嘉义),派总兵官一员,率官兵 8 000 人,驻防台湾。至此,台湾统一于清朝中央政府的管辖之下,从而

▲ 中年康熙帝

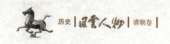

加强了中央对台湾的管辖，促进了台湾经济文化的发展。

◇遏制俄国　亲征蒙古◇

明末清初，沙俄在亚欧大陆上不断向东扩张，并于 17 世纪中期侵入了中国黑龙江地区。沙皇多次遣使来华，要求建立外交和通商关系，但因俄国侵占中国领土等问题而遭到清政府拒绝。此外，由于清初国内尚未安定，所以直到 17 世纪 80 年代中期，玄烨才对黑龙江地区的俄国据点雅克萨采取了军事行动，将沙俄侵略者赶出中国东北地区，签订了中俄《尼布楚条约》，维持了东北边境 150 多年的和平。

蒙古曾经分为三大部：漠南蒙古、漠西蒙古、漠北蒙古。漠南蒙古经过努尔哈赤和皇太极两代人的努力完全臣服了。漠西蒙古的噶尔丹则不断挑衅清王朝。康熙决定亲征，并最终打败了噶尔丹，消灭了一股极大的分裂势力。漠北蒙古就是喀尔喀蒙古，康熙也通过一系列的笼络措施完全稳定了喀尔喀蒙古（也就是外蒙古）。从秦汉时的匈奴到明朝的蒙古，这个历史难题两千年来没有解决，康熙把这个问题解决了，这是一个巨大的历史贡献。

◇九子夺嫡　晚景凄凉◇

康熙四十七年（1708），胤礽首次被废太子，引起众位阿哥对太子位置的觊觎。要争夺皇位的有老大胤禔、老二胤礽、老三胤祉、老四胤禛（雍正皇帝）、老八胤禩和老十四胤禵。老九、老十是老八同党，助老八争位，他们自己并无野心；老十三助老四，他自己也无意争位。后来，老大因野心太过暴露，遭康熙帝终生圈禁；原太子老二被康熙帝两次废黜，第二次废黜后将其终生圈禁并昭告天下，说

《尼布楚条约》明确划分了中俄两国东部边界，从法律上肯定了黑龙江和乌苏里江流域包括库页岛在内的广大地区都是中国的领土。

▲ 康熙帝

不再立他，也不许任何人再举荐他为太子；老三看到老大老二的前车之鉴，不敢再搅这趟浑水，主动退出。实际的竞争者只剩老四、老八和老十四。最后，老四即位，是为雍正皇帝。

康熙六十一年，康熙大帝由于忧患成疾，在畅春园病逝。

■ 历史评价 ┃

康熙大帝是杰出的政治家、军事家，还是优秀的儒学家、书法家、诗人。他一生文治武功，除鳌拜，平三藩，收台湾，三次亲征噶尔丹，抵抗外来侵略，历史功绩斐然，是一位不可多得的明帝。康熙朝版图，东濒大海，南及曾母暗沙，西接葱岭，西北到巴尔喀什湖，北达外兴安岭，东北至库页岛，总面积约 1 300 万平方千米，是当时世界上幅员最为辽阔、人口最为众多、军事最为强盛、实力最为雄厚的大帝国。康熙将中西方文化相结合并吸收其中的精华，这为他展现雄才大略、帝王才气，实现宏图大业，陶冶性情，开阔视野，蓄聚智慧，奠定了基础。康熙大帝奠定了清朝兴盛的根基，开创出"康熙盛世"的大局面。

但金无足赤，人无完人，康熙在其统治时期存在许多瑕疵。有专家指出，清朝中后期国力开始远远落后于西方，这与康熙晚年的墨守成规、缺乏创新有着不可推卸的责任。

▲ 锁子锦金叶盔甲（康熙帝御用）

▲ 康熙帝作品

■ 大事坐标 ┃

1654 年 出生，顺治帝第三子。
1661 年 福临卒，玄烨即位。是为清圣祖玄烨，改元康熙。
1667 年 亲政。

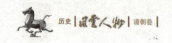
1669 年	智擒鳌拜，清除鳌拜集团。
1673 年	下令撤藩。十二月，吴三桂发动叛乱，耿精忠、尚之信等举兵响应。
1681 年	平定三藩之乱。
1683 年	郑克塽降清，统一台湾。
1685 年	雅克萨之战，驱逐沙俄侵略者，收复雅克萨城。后签订《尼布楚条约》。
1690 年	亲征准噶尔。
1712 年	始行"滋生人丁永不加赋"。
1718 年	命皇十四子胤禵为抚远大将军，驻节西宁，指挥进藏平叛的各路清军。
1722 年	卒，胤禛继位。

■关系图谱┃

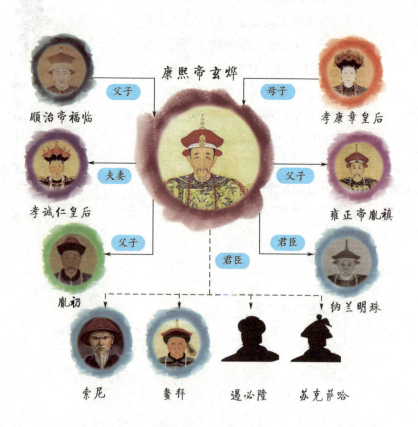

改革积弊

雍正帝胤禛

■名片春秋 |

雍正帝胤禛（1678～1735），康熙帝第四子，清入关后的第三位皇帝。1722～1735年在位，年号雍正，庙号世宗。胤禛为人勤勉、果断，年轻时深得康熙帝信任。康熙末期，与各位皇子争夺皇位，继承大统。在位期间改革积弊，是一位勇于革新、勤于理政的皇帝。他是清史上留下悬疑谜案最多、功过是非最引争议的皇帝。

■风云往事 |

◇韬光养晦　暗争皇位◇

胤禛从小就勤奋刻苦，7岁时到上书房读书，不仅学习儒家经典，还学习满族的骑马射箭，他还学习书法，在书法上的造诣很高。14岁时结婚，19岁时随康熙帝远征噶尔丹，凯旋而归。

胤禛尽显友爱兄弟、孝敬皇父。别的皇子们是明争储位，他却是暗察声色。在别的皇子为夺嫡忙得不可开交时，胤禛却在参禅礼佛，吟诗作赋。

胤禛深得康熙帝喜爱，康熙六十年（1721）时

▲ 雍亲王画像

▲ 雍正帝塑像

隆科多的姑姑是康熙帝的生母孝康章皇后，姐姐是雍正帝养母孝懿皇后。康熙帝临终前任其为唯一的传诏大臣。

派胤禛代替自己到盛京（今沈阳）三大陵祭祀，可见对胤禛的偏爱程度。实际上，胤禛的性格喜怒不定，但在康熙帝面前却表现出了诚孝。既然康熙帝这么喜爱皇四子胤禛，应该把皇位传给他，但是雍正帝到底是正常继位还是篡位，如今还是一个谜。历来有两种意见：一种认为他受康熙帝遗诏继位，是合法继承；一种认为康熙帝并未传位与他，胤禛是矫诏夺位。

圣祖驾崩后，胤禛在十三弟胤祥的帮助下继承帝位。也有传闻说他是矫诏篡位，夺取了本来属于胤禵的帝位。由于找不到他矫诏夺位的确凿证据，斧声烛影，所以这成了千古疑案。

◇杀兄害弟 消除异己◇

胤禛虽然即了帝位，但以胤禩为首的当年争夺储位的阿哥们，并不甘心自己的失败，他们散布流言，制造事端，妄图动摇刚刚易主的皇权。雍正帝因此着手巩固皇位。他把十四弟胤禵降爵为郡王，拘禁在汤山，后来派他去守陵，再后来降其爵为贝子，并将其圈禁起来。九弟胤禟被发往西宁，由年羹尧监视并把他的名字改为"赛思黑（狗）"，八弟胤禩被圈禁，改名为"阿其那（猪）"将诸皇子集团分化瓦解。境遇比较好的有三人：十三弟胤祥、十六弟胤禄和十七弟胤礼。特别是十三弟胤祥，雍正继位以后，胤祥被封为怡亲王，格外信用。

胤禛在消除异己之后，又对倚功自傲、结党营私、企图争夺九鼎的年羹尧、隆科多开刀。年羹尧历任川、陕巡抚、总督，但骄纵揽权，用人自专，企图夺权。雍正三年（1725），胤禛调任他为杭州将军，不久便将他赐死。隆科多是皇亲贵戚，胤禛登基后，隆科多被任命为总理事务大臣、吏部尚书。他恃亲自矜，招权纳贿，笼络党羽。雍正五年，胤禛以 41 项大罪将他圈禁，次年他便死于禁所。

◇改革积弊 励精图治◇

雍正执政年间，因势利导，推行多项新政。雍正朝的吏治澄清、行政效率提高、政治踏上轨道，这些都与雍正帝的严厉统治、勤劳工作密切相关。

在政治上，胤禛创立了秘密立储制度，亲手密书皇太子的名字，封藏在木匣内，安放在"正大光明"匾额后面，避免了因传位引起的宫廷内乱；强化密折制度，把递密折的官员范围扩大到布政使、按察使、学政等，奏请内容扩大到生计、风俗等方面；整顿吏治，在全国范围内大规模清查亏空，设立会考府，实行耗羡归公、养廉银制度，这样既增加了财政收入，又有助于廉政风气，因此有"雍正一朝，无官不清"的说法；设立军机处，作为皇帝的秘书班子，为皇帝出主意、写文件、理政务。军机处的特点是处理政事精简速密。军机大臣直接与各地、各部打交道，了解地方情形，传达皇帝意旨。这个机构存在了 200 余年，直至清末。

▲ 雍正帝勤勉执政

在经济上，重农业，轻工商。实行摊丁入亩，将人丁税摊入地亩，按地亩的多少来纳税。地多者多纳，地少者少纳，无地者不纳，有效减轻了农民负担。他反对种植经济作物，并反对开矿和发展手工业。胤禛鼓励开荒，兴修水利。除治理黄河、建筑浙江海塘外，胤禛还命怡亲王胤祥在直隶开展营田水利，在宁夏修筑和疏浚水渠。

▲ 军机处

在文化上，完成了始于康熙年间的大型类书《古今图书集成》的编纂，此外还续修了《大清一统志》《大清会典》等。他大兴文字狱，加强思想统治。胤禛在位 13 年查办的文字狱有 14 起，数量甚至超过

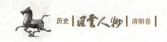

了其父康熙在位 61 年文祸的总和。比较重大的文字狱事件有年曾静案、吕留良案、徐骏"清风不识字"案等。

在海禁问题上，开始严格执行海禁，后来考虑到闽福百姓生计困难，同意适当开禁；雍正二年降旨准广东人移民台湾。但对外洋回来的人仍持有戒心。

胤禛还重视同少数民族的关系及外交关系。1726 年，胤禛采取云贵总督鄂尔泰的建议，大规模地推行改土归流政策，取消云南、贵州、广西、湖南、四川等省的一些土司，加强了中央对少数民族地区的统治。1727 年，清廷同俄国订立了《布连斯奇条约》和《恰克图条约》，在划定中俄边界及处理两国通商问题等方面，维护了国家主权。

雍正勤于政事，在位 12 年 8 个月间，几乎每天

改土归流对清朝实施全国性的统治和国家的统一有重要意义，但清朝在推行改土归流时也给西南部分少数民族人民带来了灾难。

▲ 雍和宫（原雍亲王府）

都工作到深夜。一年之中生日那天他才会休息，每天的睡眠还不够 4 个小时。仅仅在数万件奏折中所写下的批语，就多达 1 000 多万字。

■历史评价 |

▲ 雍正帝西洋半身像

胤禛的一生应该分为两个部分来看：一部分是关于国家社稷的，在国事上，他是一个开明严谨的皇帝，在位期间天下太平，国富民强，政绩卓越。正是因为他的严厉统治和超乎寻常的努力，使大清帝国逐渐走向鼎盛，为"康乾盛世"起了承前启后的作用。另一部分是关于他的私事，胤禛统治严酷，猜忌多疑，刻薄寡恩，这是他性格的弱点。他在登上帝位后，为了稳定统治地位，无情地杀戮、囚禁他的兄弟，制造了一起起手足相残的惨剧。

客观来看，胤禛的一生功大于过。他曾评价自己说："虽不敢媲美三代以上圣君哲后，若汉唐宋明之主实对之不愧。"

雍正帝猜忌多疑的性格造成文字狱盛行，在雍正帝执政时期，文网之密、文祸之重大大超过他的列祖列宗。

■大事坐标 |

1678 年	出生，生母为孝恭仁皇后乌雅氏。一岁后，由贵妃佟佳氏带养。
1709 年	被封为雍亲王。娶原湖广巡抚年遐龄之女年氏为第一侧福晋。
1722 年	康熙帝驾崩，借康熙帝遗诏，登上帝位。
1724 年	平定罗卜藏丹津叛乱，强化了清对青海地区的统治。
1727 年	同俄国订立了《布连斯奇条约》《恰克图条约》，在划定中俄边界及处理两国通商问题等方面，维护了国家主权。
1729 年	设立军机处，加强皇权。
1733 年	封弘历为宝亲王、弘昼为和亲王。
1735 年	驾崩。

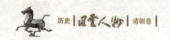

■关系图谱∣

雍正帝胤禛

康熙帝玄烨 —— 父子 →

母子 → 孝恭仁皇后

夫妻 ← 孝敬宪皇后

父子 → 乾隆帝弘历

隆科多 —— 同僚 —— 年羹尧 —— 君臣

君臣 —— 张廷玉

全盛高峰

乾隆帝弘历

■名片春秋 |

乾隆帝弘历（1711 ~ 1799），清入关后的第四任皇帝，雍正帝第四子。13岁时被密立为太子，23岁被封为和硕宝亲王，25岁时，雍正帝去世，弘历即位。在位60年，作为太上皇又训政3年，驾崩时89岁。他是中国历史上知名度最高的皇帝之一，是他把清朝的"康乾盛世"推向顶峰，也是他亲手将它拖向衰落，他是影响中国18世纪以后历史进程的重要皇帝。

■风云往事 |

◇天生聪慧　深受喜爱◇

弘历是雍正帝所有儿子中最有才干的一位，自小甚得其祖父康熙帝与父亲雍正帝的喜爱，康熙曾为其慎择良师，进行多方面教育。一些清史学家认为，胤禛能登上帝位，是因为弘历的才智出众，得到康熙的赞赏。

弘历即位前，被封为宝亲王。少年的他聪颖过人，能文能武，行事恩威并施，十分有才干。雍正

乾隆帝幼年时聪慧威武，被康熙帝称为"有英雄之气"。康熙帝特意为弘历选择最好的师傅，精心地栽培他。

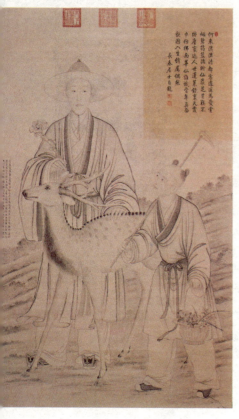

▲ 乾隆帝采芝图

乾隆帝下令完成的水利工程

河南南阳至商丘黄河河堤新筑；
清口及江南运河疏浚；
江南淮阳运河挑浚；
清河千里堤岸培筑。

对他寄予着非常高的厚望。早在雍正元年（1723）八月，弘历就被以"秘建皇储"的方式立为皇太子。皇子弘时曾与之争宠，却被削除宗籍。但雍正吸取康熙时期诸皇子夺位的教训，不让皇子参与政治，同样弘历登基前也未曾参与过朝廷政事，未曾出任过军政要职，只于雍正十三年参与了苗疆改土归流的事务处理。1735 年，雍正驾崩，弘历顺利继承皇位。

◇青年登基　初政不凡◇

弘历即位后，首先面对的是逐渐升温的朋党之争。他在上台伊始，便明确表明痛恨朋党之争，禁止私立朋党，以警告当时朝廷如日中天的鄂尔泰和张廷玉两派。但由于他此前基本未曾接触过政治，缺少经验和威信，亦未有任何亲信，故而初政时面对朋党以及宗室的压力，提出的政策很难实行。他采用各种手段让张、鄂两派互相牵制，慢慢回笼权力。1739 年"弘晳逆案"后，他充分利用军机处的功能，加强皇权，使得君主专制空前加强、中央集权到达顶峰。

乾隆一生大权独揽，君主专制达到中国历史的顶峰。他可以为百姓免粮治水，赈济灾情不惜一切代价；也可以不留情面地镇压各种反对他的势力。他当政期间，残酷血腥的文字狱比比皆是，动辄百十条人命，连杀封疆大吏的事情也不少见。

◇重视民生　蠲免钱粮◇

乾隆帝和他的祖父康熙帝、父亲雍正帝一样，重视发展农业生产。他关心水利建设，下令完成多项水利工程。这些水利工程起到了防洪、保护农业生产的作用。他也采取了一些恤商政策，允许百姓贩运少量食盐（这在雍正朝是不允许的）。金融机构

（经营汇兑和存款、信贷的票号）在乾隆朝也开始出现。

乾隆崇尚勤政爱民，他断然下令蠲免全国钱粮。据统计，乾隆十年、三十五年、四十三年、五十五年和嘉庆元年（1796），先后五次普免全国一年的钱粮，三次免除江南漕粮，累计蠲免赋银两亿两白银，约相当于五年全国财赋的总收入，取得了良好的社会效益。乾隆蠲免全国钱粮，其次数之多，地域之广，数量之大，在封建王朝中，前无古人，后无来者。这也可以体现当时清政府财政状况较好。但是百姓生活远未得以较大程度地改善，饥民、流民仍年年都有。

▲ 青年登基的乾隆帝

◇编修典籍　诗文才华◇

清朝皇帝中对文化事业的重视和建树功绩当以乾隆帝为最。在他统治期间，各种官修书籍达 100 余种，图书编撰方面的最大成就是他亲自倡导并编成了大型文献丛书《四库全书》，此书共收录古籍 3 503 种、7 9337 卷、装订成 3 6000 余册，保存了大量古典文献，是中国古代最大的一部官修书，也是中国古代最大的一部丛书。然而，乾隆帝毁书也多，这是他的一大罪过。

乾隆帝在艺术上也有很高的造诣，热衷书画诗文。弘历尤喜爱作诗，总计 42 613 首。而《全唐诗》所收有唐一代 2 200 多位诗人的作品，才 48 000 多首。乾隆帝是个业余诗人，以一人之力，其诗作数量竟与流传下来的全唐诗相仿，数量之多，创作之勤，令人惊叹。

◇统一新疆　安定西藏◇

乾隆帝雄才大略，在平定边疆地区叛乱方面做出了巨大功绩，巩固了多民族国家的统一。他的武

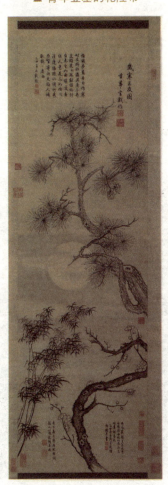

▲ 乾隆帝绘《岁寒三友图》

33

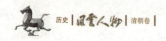

功之一就是用兵西陲，开辟、巩固新疆。在北疆，两次平准噶尔，基本上解决了北疆的问题。平定北疆后，南疆的回部贵族试图摆脱清朝，妄想立国成国。为此，清军同回部大小和卓在库车、叶尔羌等几座南疆重镇进行了激战，最终获胜，重新统一南疆。乾隆帝在南疆实行因俗而治，设立阿奇木伯克制，由清廷任命，并设参赞大臣，加强统辖。乾隆帝在新疆设伊犁将军，加强了清对新疆地区的管辖。

对于西藏，乾隆帝曾两次派兵打败郭尔喀（今尼泊尔）的侵犯，制定《钦定西藏章程》，规定：设驻藏大臣督办藏内事务；达赖喇嘛、班禅额尔德尼等圆寂后，在驻藏大臣亲监下，灵童转世设立金奔巴瓶制，用金奔巴瓶掣签决定继承人，这就是著名的金瓶掣签制度。

◇六下江南　大兴园林◇

六下江南是乾隆帝在位时最为百姓津津乐道的事，他是仿其皇祖父康熙帝，目的是为了探访民情，加强中央政权与江南地主士绅的联系，视察浙江海塘等水利工程。乾隆帝自己说："南巡之事，莫大于河工。"然而，和康熙帝相比，乾隆帝下江南游乐的目的大大增加。乾隆帝每次出巡都耗费巨资，沿途修行宫，搭彩棚，舳舻相接，旌旗蔽空。乾隆帝出巡不仅沿途地方官要进献山珍海味，还要从全国各地运来许多珍品。

乾隆帝兴建的皇家宫殿

阿奇木伯克

清代新疆回部各伯克中官阶最高者，总管一城的穆斯林事务。乾隆时期，伊犁等大城的阿奇木伯克为正三品官。

▲《乾隆南巡图》卷六——驻跸姑苏

园林，如皇宫的宁寿宫及清漪园（颐和园）、圆明园等三园、静宜园（香山）、静明园（玉泉山）、避暑山庄暨外八庙和木兰围场等，其中清漪园改瓮山为万寿山，上建大报恩延寿寺（排云殿），又建佛香阁，这些皇家园林，体现了清代园林文化的辉煌，是园林艺术史上的一串串璀璨明珠。

◇禅让皇位　做太上皇◇

到乾隆六十年（1795）九月初三，乾隆皇帝于圆明园勤政殿召见皇子皇孙、王公大臣，宣示将禅位于十五子嘉亲王颙琰，以明年为嗣皇帝嘉庆元年，届期归政。颙琰即皇帝位，尊乾隆帝为太上皇。乾隆帝内禅皇位后，又训政三年零三天。后人多讥评乾隆帝名为退位，实禅而不退。嘉庆三年，乾隆帝病重。嘉庆四年，乾隆太上皇在养心殿病逝。

■历史评价 |

乾隆帝有"十全武功"，指"平准噶尔为二，定回部为一，扫金川为二，靖台湾为一，降缅甸（清缅战争）、安南各一，即今二次受廓尔喀降，合为十"。他自诩"十全老人"，实际上他的武功不全是正义和福音，疆域开拓过程中，他杀死了很多的无辜者。他的"十全武功"，不少是凑数的，比如缅甸、安南之役损兵折将，最后对方慑于清朝的强大而主动议和；二征金川虽然有较大意义，但损失巨大，胜之不武；况且其中有的武功并不正义，例如镇压林爽文起义、出兵安南。

乾隆帝在位60年，既留下了丰功伟绩，也为后世的祸患埋下了种子。从清王朝自身发展来看，乾隆帝后期好大喜功，生活奢侈，对吏治也没有初中期抓得紧了，在位后期重用大贪官和珅20余年，致使此期间贪污成风，政治腐败。从中国和世界关系

▲ 金银珠云龙纹盔甲
（乾隆帝御用）

乾隆帝在嘉兴游南湖作的诗：
春云欲泮旋蒙蒙，
百顷南沩一棹通。
回望还迷堤柳绿，
到来才辨榭梅红。
不殊图画倪黄境，
真是楼台烟雨中。
欲倩李牟携铁笛，
月明度曲水晶宫。

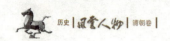

来看，清政府闭关锁国，妄自尊大。中国和西方实力的此消彼长，终于在几十年后的鸦片战争中得到体现，中国从此进入苦难的近代。

■**大事坐标**┃

1711 年	出生，雍正第四子，其母为钮祜禄氏。
1735 年	胤禛卒，弘历继位，是为清高宗弘历，改元乾隆。
1747 年	大金川土司沙罗奔举兵反。清派重兵镇压。两年后平定。
1757 年	清军攻准噶尔部。大小和卓之乱起，清廷派兆惠率军进讨。
1761 年	文字狱迭起。
1762 年	在新疆设伊犁将军。
1771 年	土尔扈特部在首领渥巴锡率领下从沙俄重返祖国。
1782 年	第一部《四库全书》修成。
1792 年	定金瓶掣签决定达赖、班禅转世灵童之制，次年，颁布《钦定西藏章程》。
1795 年	立皇十五子颙琰为皇太子，定 1796 年继承皇位，改元嘉庆，尊弘历为太上皇帝。
1799 年	卒，颙琰亲政。处死大学士和珅，籍没家产。

■**关系图谱**┃

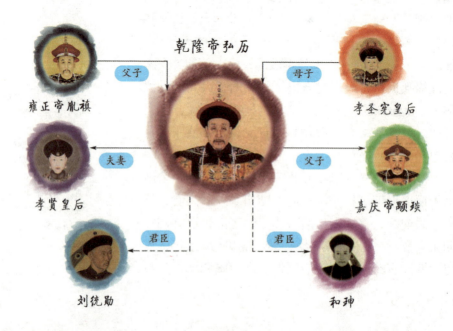

维新元首

光绪帝载湉

■名片春秋 |

光绪帝载湉（1871～1908），清入关后的第九位皇帝，为道光帝第七子醇亲王奕譞第二子。4岁登基，由慈禧太后垂帘听政至其18岁。此后虽名义上归政于光绪帝，实际上大权仍掌握在慈禧太后手中。1898年，他起用康有为、梁启超进行"戊戌变法"，受到以慈禧太后为首的保守派的反对。他计划依靠袁世凯囚禁慈禧，但被袁世凯出卖，从此被慈禧幽禁在颐和园。1908年，突然暴死，终年38岁。

■风云往事 |

◇少年登基 傀儡皇帝◇

　　光绪皇帝，姓爱新觉罗，名载湉，是同治皇帝的堂弟，咸丰皇帝的侄子。其父醇亲王奕譞是道光皇帝的第七子，咸丰皇帝的弟弟。其母叶赫那拉氏，是慈禧太后的妹妹。从这些关系讲，他既是慈禧的侄子，又是慈禧的外甥。同治帝因患天花而亡，死时年仅20岁，身后无子，按"兄终弟及"做法，可由其弟即位。国不可一日无君，慈禧不顾王公大臣

▲ 青年光绪帝画像

▲ 光绪帝雕像

隆裕太后是最后一个从大清门入宫的皇后，也是亲笔签下退位诏书的皇太后，结束了清朝 200 多年的统治。

的反对，一人做主，执意让载湉入宫即位为帝。载湉之所以能够当上皇帝，一方面是因为慈禧亲生之子同治皇帝去世后，无子嗣继承皇位；更重要的一方面还是慈禧权欲熏心，找个"儿皇帝"，可再次创造机会垂帘听政。

这样，载湉在太和殿正式即位。按照清王朝祖上留下的规矩，皇帝 16 岁就要临朝亲政。随着载湉年龄的增长，他的大婚和亲政时间逐渐临近，慈禧撤帘归政，把大权交给光绪皇帝已是大势所趋。可慈禧既不甘心，又无可奈何，于是预作布置，对光绪帝的权力进行多方限制，自己仍在暗中操纵朝政。

◇太后逼婚　独爱珍妃◇

光绪帝 18 岁了，慈禧为他筹办婚事。经过多轮选美，最终的选后、选妃活动在太和殿进行。按照规定，选中为妃的授予荷包，选中为后的授予如意。这时慈禧把如意递给光绪，让他先挑皇后。面对一字排开的五位佳丽，载湉很为难。自然不是因为美色当前难以擢择，而是因为他知道慈禧是假意让他自选，所以他不敢擅自做主。但慈禧仍故作姿态，坚持要他自选。载湉这才慢慢走到德馨的大女儿面前，刚要把如意递给她，慈禧一声大吼：皇帝！并暗示他把如意交给叶赫那拉氏。光绪无可奈何，只好按慈禧要求，把如意授予了叶赫那拉氏。

19 岁的光绪帝举行大婚典礼。他的一位皇后、两位妃子都是慈禧做主挑选的，皇后不是别人，正是慈禧亲弟弟桂祥的女儿，即隆裕皇后。慈禧选自己的侄女为皇后，为的是朝政交给载湉后，还能利用皇后来操纵皇帝，使皇帝的行为都在她的掌控之下。但是载湉却对珍妃情有独钟。珍妃貌美端庄，聪慧过人，性格开朗，活泼机敏，颇有见地。珍妃的入宫犹如一块石子投入一潭死水，她对载湉的同情和体贴，激起了载湉对未来的憧憬和热情。同时，珍妃又向载湉推荐了她的老师文廷式，这位素以评论时政、忧心国事的著名清流人士很有才华，颇有政治见地。他被光绪帝重用后，对光绪帝产生了很大影响，激发了光绪帝改革政治的欲望。大婚后的数年间，光绪帝与珍妃共同度过了一生中较为轻松的时光。由此，也激发起他作为人君国主，希望在政治上摆脱束缚而有所作为的欲望。可这一点，是慈禧最不愿看到的。

▲ 光绪帝与珍妃

◇戊戌变法　囚禁瀛台◇

疾病缠身的载湉亲政后，就遭逢日本侵略朝鲜，进而欲侵略中国的局面。光绪帝违背慈禧太后之意，决心援朝抗日，但封建的思想、腐败的统治使战争失败，被迫与日本签订了《马关条约》，割地赔款，这虽使他受到重大打击，加深了"母子"的不和，但也激发他力图改革政治、富国强兵的雄心。光绪帝在康有为、梁启超等人的影响和珍妃的积极支持下，在1898年6月颁布"明定国是诏"，宣布变法，强调博采西学，推行新政，授予康有为"专折奏事"特权。那些守旧的亲贵重臣害怕光绪皇帝在改革政治中触及他们的利益，于是纷纷投靠慈禧并竭力挑拨他们"母子"的关系。慈禧也深恐光绪改革会影响到她的独裁。这样朝臣内出现了"后党"与"帝党"，双方展开了激烈的斗争。

光绪帝到颐和园见慈禧太后，慈禧太后明确表示要废掉光绪帝，并密谋由直隶总督荣禄在九月初皇帝、太后到天津阅兵时发动政变，废除光绪帝。形势危急，康、梁等人没有办法，最后只有拉拢袁世凯，请他马上举兵。袁世凯表面上满口答应，但他回到天津，马上向荣禄告密。慈禧太后见到光绪帝，破口大骂。在以慈禧为首的守旧势力的反对和

《马关条约》主要内容

中国承认朝鲜独立；向日本赔款白银两万万（亿）两；割让辽东半岛；将台湾全岛及其附属岛屿以及澎湖列岛"永远让与日本"；允许日本在中国内地设厂，增开通商口岸等。

▲ 光绪帝与康有为（右）、
梁启超

镇压下，变法运动最终失败，康有为、梁启超出逃，谭嗣同等"戊戌六君子"遇害，光绪帝本人亦被软禁在中南海瀛台，他的权力被慈禧夺去，政治生涯结束。此后，光绪帝度过了十年没有人身自由的囚徒生活。他虽然名义上仍保持着皇帝的名位，但政权实际上都已落到了慈禧的手中。珍妃被囚禁在钟粹宫后北三所，并且慈禧令她今后不许觐见皇上。

◇联军入京　仓皇逃难◇

1900 年 8 月，八国联军入侵北京。慈禧太后挟皇帝仓皇出逃。相传临行前还不忘处置珍妃，令太监崔玉贵把珍妃推到宁寿宫外的井中害死。当光绪帝得知珍妃的死讯后，精神彻底崩溃，旧病复发，日趋沉重，再也无法康复，内心极度痛苦。

由此可见，从光绪帝自幼多病，到青年以后的病情逐步加重，都是他所处的政治环境和生活导致的。可见慈禧的长期压制和打击，是光绪帝致病的重要原因，尤其是在戊戌政变以后被囚禁的十年漫长岁月中，他一方面悲观失望，前途渺茫；一方面又日夕担惊受怕，心情紧张，生活上更无人细心照料，使得他的病情不断加重恶化，终至不治。年轻的光绪帝之死，与慈禧控制下的清王朝黑暗腐败密

▲ 囚禁光绪帝的瀛台

切相关。如果说载湉入宫为帝是出于一种政治需要，那么清廷政治腐败就是导致他身亡的必然原因。

▲ 慈禧太后

■ 历史评价 |

作为一位年轻有为的君主，光绪皇帝以社稷为重，推行变法，不明哲保身，轻易放弃，反而在关键时刻，为了变法信念，置生死安危于度外。这已经超出了一位傀儡帝王的行为价值选择，即使从人格上看也是值得称道的。也许，身为帝王，百年来他受尽冷落和责难，甚至有人指责他懦弱无能；但作为一个人，作为一个资产阶级改良运动的先驱者，他的功绩是不可磨灭的，这不必讳言。变法的最终结果虽然失败了，但对当时社会发展起到了一定程度的积极作用：在思想上打破了封建专制主义的思想禁锢，开启了中国思想解放的先河；在经济上，光绪帝接受了维新派发展民族资本主义工商业的主张，为中国民族资本主义的发展拓展了道路；在文化教育方面，开办学堂，改革科举制度，派人出国留学、游历等，这都使知识分子扩大了眼界，给长久封闭的国家带来了西方的一些先进思想、理论和技术。光绪皇帝不愧为近代中国第一个效仿西方来变革中国的开明皇帝。

戊戌变法整个历程不过 103 天，因而又被称为"百日维新"。

■ 大事坐标 |

1871 年	出生，为醇亲王奕譞第二子，母为慈禧之胞妹叶赫那拉氏。
1875 年	载淳卒，继位，是为清德宗，改元光绪。慈禧太后再度垂帘听政。
1875 年	任命左宗棠为钦差大臣，督办新疆军务。
1883 年	刘永福所部黑旗军助越抗法，大败法军。
1889 年	亲政。
1894 年	中日甲午战争爆发，后签订《马关条约》。孙中山在檀香山

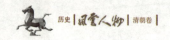

创立兴中会。

1898 年　下"明定国是"诏书,戊戌变法开始。后来被慈禧幽禁于瀛台。

1900 年　八国联军进犯北京,慈禧挟光绪帝仓皇逃走,次年签订《辛丑条约》。

1908 年　卒,溥仪继位,改元宣统,由摄政王载沣监国。

■关系图谱 |

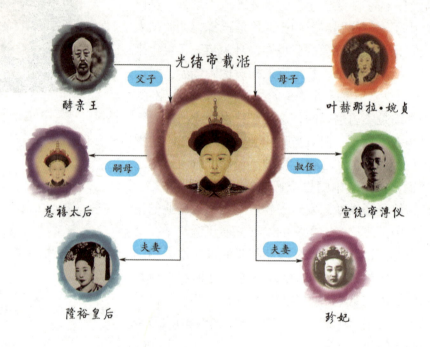

垂帘听政

慈禧太后

■名片春秋 |

慈禧太后（1835 ～ 1908），叶赫那拉氏，名杏贞。咸丰皇帝的妃子，同治皇帝的生母，以皇太后身份垂帘听政，是1861 年至1908 年间大清的实际统治者，人称"无冕女皇"。在其统治期间，中国除了太平天国之乱外，还饱受外国侵略，加上传统对于女性执政的负面意见，其执政能力颇受争议。近年来史学界开始有人从历史条件局限的观点，对慈禧当政提出多元化的评价。

■风云往事 |

◇咸丰宠爱　辛酉政变◇

　　慈禧太后，姓叶赫那拉，咸丰二年（1852）因选秀入宫，赐号懿贵人，后册封为懿嫔。1856 年3 月，生下咸丰帝唯一的皇子载淳（即后来的同治帝），诏晋封懿妃，接着又晋封懿贵妃。由于咸丰帝体弱多病，内忧外患又让他心力交瘁，他逐渐变得懒惰，懿贵妃工于书法，于是咸丰帝时常口授让懿贵妃代笔批阅奏章，使慈禧有机会接触政治。

▲ 慈禧太后

▲ 慈禧太后朝服像

洋务运动

又称自强运动，是指1861年至1894年清朝政府内的洋务派在全国各地掀起的"师夷之长技以自强"的改良运动。

1860年，英法联军攻入北京前，她随咸丰帝和皇子载淳逃往热河。1861年8月，咸丰帝在热河驾崩。由于皇子载淳只有6岁，咸丰帝临终前将怡亲王载垣、郑亲王端华、景寿、协办大学士尚书肃顺、穆荫、匡源、杜翰、焦佑瀛八人任命为赞襄政务王大臣，辅佐同治帝处理朝政。这些人都是咸丰帝的亲信，尤其是肃顺，才智十分出色，咸丰又给皇后和懿贵妃两枚代表皇权的印章，使她们俩人互相制约，不能一人独大。咸丰帝死后，皇子载淳即位，定年号"祺祥"。慈禧与慈安太后并尊为皇太后。顾命八大臣辅政，致使权力欲极强的慈禧非常不满，于是联合在京主持和谈的咸丰帝的弟弟恭亲王奕䜣，利用咸丰帝的梓宫回京机会，发动辛酉政变，打倒了八大臣，基本上掌握了清政府的最高权力。

◇**垂帘听政　同治中兴**◇

辛酉政变之后，奕䜣被封为议政王，1861年12月2日，两宫太后于养心殿，垂帘听政；并改年号为"同治"，意思就是太后和皇帝一起治理国家。

执政初期，她在议政王奕䜣的辅佐下整饬吏治，重用汉臣，依靠曾国藩、左宗棠、李鸿章等汉族地主武装和列强支持，先后镇压了太平天国、捻军、苗民和回民起义，缓解了清王朝的统治危机，使清王朝得到暂时稳定。出于维护封建专制统治的目的，她又重用洋务派，以"自强"和"求富"的方针，发展一些军用、民用工业，训练海军和陆军以加强军事实力，客观上对中国的近代化起到了一定的积极作用。但是由于慈禧对西方先进的科学技术知之甚少，她也做出过很多不合实际的决定，阻碍了洋务运动的进行，当改革可能损害她的统治时，她又支持顽固派，对洋务派进行牵制，以加强集权。这一时期，国内起义被平定，两次鸦片战争暂时满足了列强的贪欲，外交上没有太大危机，使清王朝有了喘息的机会。洋务运动后清王朝的军事实力有所提高，工商业有了初步发展，这一时期的清朝统治被称为"同治中兴"。

◇光绪登基　继续训政◇

1875 年 1 月，同治帝病逝。慈禧立她的侄子兼外甥 4 岁的载湉为帝，改年号为"光绪"，两太后再次垂帘听政。光绪帝大婚后，名义上由其亲政，实际上慈禧又训政了数年。在训政结束后，朝内一切用人行政，仍出其手，光绪帝实际仍居于傀儡地位。

▲ 垂帘听政的场所——养心殿东暖阁

为了进一步监视光绪帝，慈禧一手包办了光绪的婚姻。光绪帝选妃时，经过海选，入围秀女共有 31 人，经过慈禧两次亲自挑选，最终进入决赛的仅有 5 名秀女，即慈禧的弟弟桂祥之女叶赫那拉氏、江西巡抚德馨的两个女儿、侍郎长叙的两个女儿。决赛现场，局面完全由慈禧掌控。光绪帝被迫将皇家定情信物玉如意交到了表姐叶赫那拉氏手中。最后两道懿旨同时颁下，比赛结果尘埃落定，一道懿旨宣布立都统桂祥之女叶赫那拉氏为皇后，另一道懿旨则宣布将侍郎长叙的两个女儿分别立为瑾嫔、珍嫔。

中日甲午战争失败后，在维新派的影响下，光绪帝锐意变法。有人支持，有人反对，两派势力展开了激烈的斗争。但是，这次变法涉及了清王朝的政治体制，而慈禧所接受的底线是祖宗之法不能变。随着变法的深入，慈禧和维新派的分歧越来越大，使慈禧与维新派产生了巨大的矛盾。为了使变法能进行下去，康有为、谭嗣同等密谋策划，争取正在

戊戌六君子

维新志士谭嗣同、康广仁、林旭、杨深秀、杨锐、刘光第六人于 1898 年 9 月 28 日在北京惨遭杀害，史称"戊戌六君子"。

天津小站练兵的袁世凯以所部新建陆军入京，围颐和园，想让慈禧交出手中的权力，让变法进行下去。由于顽固派势力强大，袁世凯又是一个投机分子，根本不可能站在维新派一边。这场自上而下的改革失败了。谭嗣同等六人被杀害，康有为、梁启超逃亡国外，一些参与或支持变法的官员，受到了降级、革职、流放的处分。新政措施大部分被废除。光绪帝也被慈禧囚禁于瀛台。

▲ 慈禧与外国公使夫人合影

《辛丑条约》主要内容

中国赔款白银 4.5 亿两，分 39 年还清；将北京东交民巷划定为使馆区，拆除大沽等地所有炮台，永远禁止中国人民成立或加入任何反帝的组织等。

◇交手列强　主战求和◇

1840～1900 年，中国一共发生 5 次被侵略战争，慈禧全都经历过。第一次鸦片战争时她还是一个 5 岁的孩子。第二次鸦片战争时她已是咸丰皇帝的懿贵妃。以后的中法战争、中日甲午战争、八国联军入侵，她则是清王朝的最高决策者，慈禧的妥协与求和，使帝国主义侵略中国的野心更大。

1860 年 9 月 21 日，清军在八里桥之战中遭到失败，英法联军进逼北京，咸丰帝决定逃往热河避暑山庄。当咸丰帝即将出发的时候，懿贵妃极力谏阻，请求咸丰帝留在北京，继续抵抗。为此，她触怒了咸丰帝，差一点引来杀身之祸。奕䜣与英法联军签订《北京条约》，懿贵妃深以为耻，劝咸丰帝废约再战。因咸丰帝病危，只好作罢。

光绪二十年（1894）十月初十，是慈禧的 60 岁生日，准备在颐和园大规模地进行庆祝。此时中日战争爆发。中外舆论一致认为，中国必胜。光绪帝主战，慈禧亦主战。但是，当有人提出停止颐和园工程，移作军费的时候，慈禧却非常生气。后来，清军在朝鲜战场上接连失利，北洋水师在黄海之战中又遭受严重挫折。为了不影响自己的六旬庆典，慈禧希望外国出面干涉，尽快结束战争。她支持李鸿章避战求和的方针，以各种借口，打击以光绪帝为首的主战派。1895 年 4 月 17 日，李鸿章与日本代表伊藤博文签订了丧权辱国的《马关条约》。

1900 年，八国联军侵华时，慈禧带着光绪帝仓皇出逃，并令奕劻、李鸿章为全权大臣，与列强进行谈判。1901 年 9 月 7 日，清政府与 11 个帝国主义国家签订了空前屈辱的《辛丑条约》，清政府成了洋人的朝廷。

▲ 慈禧出殡队伍

■历史评价 |

作为政治人物，慈禧既是成功的，也是失败的。

她的成功在于其在男权统治的世界上，打破了这种权力的继承方式，为女性的发展做出了突出贡献。人们不禁要问：当时入宫的秀女何止千百，何以独有慈禧脱颖而出，三度垂帘听政、两决皇储、独断乾纲、运大清国脉于她的股掌之上，并且极大地影响了中国近代历史的走向。而慈禧所独有的能力和人格魅力就是洞悉人性、工于心计、个人至上、敢作敢为，这也正是专制帝王具备的素质。

慈禧又是失败的，她的失败在于对权力有着近乎病态的渴求，她的大半生都在恣意领略和追逐权力的刺激，尽情享受得到权力的快感，而这种快感也使中国逐渐走向坠落的道路。慈禧所处的历史时代，西方世界工业革命已经完成，西风东渐，这是人类前所未有的新时代，也是中国这头睡狮应对这场生死攸关的挑战的关键时刻。作为当时中国最高统治者的慈禧本应该运用她的权力，引领中国这艘摇摇欲坠的古老航船，闯过险滩急流，成功地驶向彼岸。遗憾的是，她虽然熟谙权力场上的帝王术，却昧于洞悉世界潮流。面对险象环生的时局，或视而不见，或反应迟钝，或判断及决策一误再误，结果让中国走向半殖民地半封建的深渊。这既是慈禧

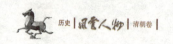

太后个人的悲剧，也是整个中国的悲剧！

■**大事坐标** ┃

1835 年　出生，叶赫那拉氏，名杏贞。

1852 年　选秀入宫，赐号懿贵人。

1856 年　生皇长子载淳（后来的同治皇帝），晋懿妃。

1861 年　咸丰皇帝驾崩，载淳继位；发动辛酉政变，垂帘听政。

1875 年　同治皇帝驾崩，因其无嗣，遵皇太后之意，由醇亲王奕譞之
　　　　　子载湉继位（即后来的光绪皇帝）。

1898 年　发动戊戌政变，杀六君子、囚光绪，后重行训政。

1900 年　八国联军攻入北京，帝后被迫离京，前往西安避祸。

1901 年　《辛丑条约》签订，两宫回銮，下诏罪己、行庚子新政。

1908 年　病逝。

■**关系图谱** ┃

末代皇帝

溥仪

■名片春秋 ｜

溥仪（1906～1967），是清朝第十二位君主，入关后第十任皇帝，也是中国的末代皇帝。光绪帝死后继位，辛亥革命后退位。后经日本帝国扶持，建立伪满洲国当皇帝，但实际上是日本人的傀儡和侵略中国的工具。抗战结束后被判决有期徒刑15年。中华人民共和国成立后，获释并经过改造成为新公民，著有《我的前半生》等作品，是重要的史料。后因患肾癌去世。

■风云往事 ｜

◇三岁登基　末代皇帝◇

　　溥仪生于北京什刹海边的醇王府，是道光皇帝的曾孙，光绪皇帝胞弟载沣的长子。

　　在溥仪只有3岁的时候，当朝的两位掌权者同时病重。在光绪皇帝临死前一天，慈禧太后也快不行了，由于光绪皇帝无后，慈禧太后在中南海召见军机大臣，商量立储人选。军机大臣认为内忧外患之际，应该立年长之人。专权专制的慈禧太后听后

▲ 幼年溥仪

49

▲ 隆裕太后像

▲ 张勋

勃然大怒，最后议定，立3岁的溥仪为帝，并让溥仪的亲生父亲载沣监国。

接着，光绪帝、慈禧在两天中相继死去。半个月后，溥仪在太和殿正式登基，由光绪皇后隆裕和载沣摄政。第二年改年号为宣统，就这样溥仪初次登上了大清王朝皇帝的宝座，即位时年仅3岁。

宣统三年（1911）辛亥革命爆发，次年2月12日，隆裕太后被迫代溥仪颁布了《退位诏书》，宣告了清王朝的灭亡和延续了2 000多年的君主封建帝制的结束。溥仪成为清朝最后一位皇帝。

◇废帝生活　条件优待◇

溥仪虽然退位，但却依旧过着常人无法比拟的生活，"皇帝"尊号仍存不废，仍在紫禁城过小朝廷生活。他在大臣的辅导下学习汉文、满文和英文。溥仪除了读书，还爱搞恶作剧。他在《我的前半生》中说："我在童年，有许多古怪的嗜好，除了玩骆驼、喂蚂蚁、养蚯蚓、看狗打架之外，更大的乐趣是恶作剧。"譬如他曾想用藏有铁砂的油糕给太监吃，用铅弹向太监窗户打击。贫苦出身的乳母王焦氏教会他一些做人的道理。

溥仪退位但仍在宫中的时候，还用宣统纪年，还有内务府、宗人府、慎刑司、内监，穿的也还是清朝的服饰。袁世凯对小朝廷仍然效忠，民国二年（1913）元旦还派人给溥仪拜年，隆裕太后去世，袁世凯通电吊唁，全国下半旗，以示哀悼。

但是，这个小朝廷内部机构臃肿，用费浩繁，太监为非作歹，盗窃成风。溥仪不得不加以整顿，遣散内监，裁撤机构，削减官员。即使这样，有限的经费还是难以维持小朝廷的开支，于是溥仪大肆出卖宫中古物，如金器、名画等。

◇张勋复辟　二次退位◇

溥仪退位后，清室很多人并不甘于失败。1917年6月14日，封建余孽张勋以调解段祺瑞代表的国务院与黎元洪代表的总统府之间的矛盾为名，率定武军4 000人入京，把黎元洪赶下台。7月1日，张勋兵变，宣统复辟，年仅12岁的溥仪又坐上龙椅，大封群臣：封赠黎元洪为一等公，任命张勋、王士珍、陈宝琛、梁敦彦等为内阁议政大臣，万绳式、胡嗣瑗为内阁阁丞等。

溥仪的帝位却没有保住太久，7月3日，段祺瑞出兵讨伐，12日，张勋逃入荷兰使馆，次日溥仪宣布第二次退位，只坐了12天龙椅就又下台。张勋复辟是德、日等外国势力背后支持的，溥仪不过是一个道具、傀儡，在复辟登基前甚至一点内情都不知晓，只是别人使用的一枚棋子。

▲ 复辟时的溥仪在乾清宫

◇北京事变　被逼出宫◇

溥仪复辟的闹剧刚闭幕，溥仪出宫的悲剧又开场。

溥仪复辟的一个后果是：许多人觉得"宣统太不安分了"！留溥仪在宫中，就等于给中华民国还留着一条辫子。旧皇宫成为复辟势力的大本营。在这种情况下，北京政变发生了。

驱逐溥仪出宫的是鹿钟麟。1924年10月23日，北京政变的发起人是冯玉祥，他改所部为国民军，任总司令兼第一军军长。11月4日，民国政府国务会议讨论并通过冯玉祥关于驱逐溥仪出宫的议案。5日，正式下令将溥仪等驱逐出宫，废除帝号。溥仪等成为国民。溥仪被逼出宫，事情来得突

北京政变

1924年9月，第二次直奉战争爆发。冯玉祥率军包围了总统府，迫使直系控制的北京政府下令停战并解除吴佩孚的职务，监禁总统曹锟，宣布成立"国民军"。

▲ "伪满洲国"皇帝溥仪

然。北京警备总司令鹿钟麟，限溥仪等要在两小时内全部搬离紫禁城。溥仪在修正优待条件上签了字，决定出宫，去醇亲王府北府。溥仪交出"皇帝之宝"和"宣统之宝"两颗宝玺。当日下午4时10分，从故宫开出五辆汽车首尾相连地直奔溥仪当年的出生地——醇亲王府北府。这真是应了在宣统登基时说的那句话："我不在这里，我要回家！"

◇伪满洲国皇帝 沦为战犯◇

溥仪被逼出宫后，日本各大报章都刊登同情溥仪的文章，为其在东北建立的"满洲国"造势。具有讽刺意味的是，八国联军的时候派兵最多、打得最狠的就是日本。不久，他被日本人护送到天津。1931年11月，在日本驻屯军司令官的帮助下潜赴旅顺，不久到沈阳。

1932年3月1日，日本扶持溥仪在东北建立日本的傀儡政权"满洲国"，企图分裂中国。1932年9月，溥仪与日本签订了《日满议定书》，日本政府正式承认满洲国，而满洲国承认日本在中国东北的特殊利益。溥仪自1932年3月至1934年2月任满洲国执政，建年号为"大同"。1934年改"满洲国"国号为"满洲帝国"，改称皇帝，改年号为"康德"。但溥仪实际上却一直被日本人玩弄于股掌之中，充当日本侵华的工具，连出帝宫等权力都没有，一言一行、一举一动都掌握在监视他的日本中将吉冈安直之手，这是很可悲的。

1945年8月15日，日本投降，溥仪被迫颁布"退位诏书"。他企图潜逃日本，却与日本关东军的将兵们于沈阳机场的候厅室被苏联红军抓获。二战后，溥仪被定性为战犯，在苏联赤塔和伯力的收容所被监禁了5年。1946年8月曾到东京，在"远东国际军事法庭"上作证。1950 年 8 月初被押解回国,在抚顺战犯管理所学习、改造,接受了约 10 年的"革命教育"与"思想改造"。

◇毛泽东特赦　安度晚年◇

1959 年 12 月 4 日,溥仪得到特赦,9 日回到北京。10 日,他由六弟溥俭陪同来到公安派出所办理户籍手续,成为北京市有正式户口的普通公民。1960 年 3 月,他被安排到中国科学院北京植物研究所工作,1961 年 3 月调任政协文史资料委员会专员,1964 年担任政协全国委员会委员。这期间,他完成了《我的前半生》的写作。

1967 年,溥仪病倒。周恩来总理闻讯,亲自打电话指示政协工作人员,一定要把溥仪的病治好,后指示将他安排到首都医院进行中西医会诊。在病情最危急时,周总理又指派著名老中医蒲辅周去给他看病,并转达周总理对他的问候,后因医治无效,溥仪于 1967 年 10 月 17 日凌晨 2 时 30 分去世,终年 62 岁。自 1962 年 4 月他与北京关厢医院女护士李淑贤结婚后,晚年生活还算比较幸福。

■历史评价▐

溥仪一生的经历可谓坎坷,作为封建专制下最后一位皇帝,两次登基,两次退位。他的一生经历了旧中国封建制度的腐朽专政时期和国民革命时期及日本侵华时期、中华人民共和国时期等,演绎了"皇帝""战犯""公民"等身份,到最后被改造成一名普通的公民,堪称世界奇迹。溥仪的软弱和无

▲《我的前半生》封面

▲ 溥仪坐像

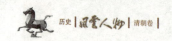
能让他成为被人唾骂的伪满"儿皇帝"，在远东军事法庭上对日本侵略者的指证，当然也有他的功劳。

他一生没有儿女，作为晚清最具代表性的封建统治者，亲身经历了中国翻天覆地的变化。在世界近代史上他是唯一一个经历了诸多政权更迭的皇帝，演绎了人生巨大的变化。

■大事坐标 |

1906 年	出生，光绪皇帝胞弟载沣的长子。
1908 年	载湉卒，继位，改元宣统，由摄政王载沣监国。
1911 年	4 月，以奕劻为内阁总理大臣，组成"皇族内阁"。10 月 10 日，武昌起义爆发。
1917 年	张勋复辟，年仅 12 岁又坐上龙椅，不久二次退位。
1924 年	冯玉祥发动北京政变，被驱逐出宫。
1934 年	为伪满洲国皇帝。
1945 年	日本投降，被迫颁布"退位诏书"。沦为战犯。
1959 年	得到特赦，回到北京，成为普通公民。
1967 年	因患肾癌病逝于北京。

■关系图谱 |

清朝每一位皇帝统治期间，不仅有鞠躬尽瘁、清正廉明的忠臣义士，而且有恶贯满盈、中饱私囊的贪官污吏；既有立下赫赫战功的武将，也有励精图治的文臣，他们都在清朝历史上留下了浓墨重彩的一笔。

　　清朝统治之初，重用汉人，成就了"清朝第一文臣"范文程，他曾辅佐过努尔哈赤、皇太极、顺治、康熙四代皇帝，为清政权开创江山立下了不朽之功。遗臭万年的吴三桂，1644 年降清，引清军入关，1661 年杀南明永历帝，1673 年叛清，发动三藩之乱。

　　康乾盛世时出现的"一代明相"纳兰明珠，是康熙年间最重要的大臣之一，曾权倾朝野，在议撤三藩、统一台湾等重大事件中，都扮演了相当关键的角色。"刚正宰相"刘墉，一生为官清廉，不畏权势，他的故事在民间广为流传。"一代鸿儒"纪晓岚襟怀夷旷，机智诙谐，常常语出惊人，妙趣横生，盛名当世。

　　嘉庆朝之后，清朝国势日益衰微，但也出现了名留青史的大臣。民族英雄林则徐是中华民族抵御外侮的先驱。曾国藩为湘军的创立者和统帅，被史学家称为中国古代历史上的最后一人、近代历史上的第一人。左宗棠参加平定太平天国运动，参与洋务运动，镇压陕甘回变和收复新疆。李鸿章，淮军创始人，一生伴随着清王朝走过风风雨雨四十载，从中兴到衰落。"乱世奸雄"袁世凯曾当选为中华民国第一任大总统，竟悍然称帝，引起全国激愤。

　　清朝的文臣武将在历史画卷上书写了浓墨重彩的一页。不管是万古流芳，还是遗臭万年，这些人都不能以绝对的善或恶去评价。让我们走近他们，一起去了解清朝历史上赫赫有名的文臣武将吧。

清朝第一文臣

范文程

■名片春秋 |

范文程（1597～1666），字宪斗，号辉岳，辽宁沈阳人，清朝初年大臣，北宋名相范仲淹第17世孙。18岁中秀才，21岁蒙努尔哈赤善遇，开始为后金政权效力，后得到皇太极重用。57岁时清廷为了表彰范文程的功绩，加少保兼太子太保，后又加升太傅兼太子太师。60岁时又恩诏加秩一级，并将其画像收藏在皇宫之内。他曾侍奉过努尔哈赤、皇太极、顺治、康熙四代皇帝，被称为"清朝第一文臣"。

■风云往事 |

◇归顺后金　初显身手◇

范文程自幼好学，才智过人，18岁就考取了秀才，当时这种事情是极为少见的。正当范文程踌躇满志，决心在仕途上有所作为的时候，灾难来临了。1618年，后金政权首领努尔哈赤带兵南下，攻克抚顺等地，范文程迫于无奈，便归顺了后金。

努尔哈赤死后，皇太极继承了汗位，改元天聪。皇太极登基后开展各项改革，范文程一生中的转机也随之来到。范文程当时在文馆,被称为"书房官""文臣",没有正式官衔。他虽为一介儒生,但相貌堂堂,体格魁伟,很像是一员虎将,且临阵不惧,随军从征时,奋勇冲杀,又长于用计,能言善辩,因而立下功劳,被授予游击世职。

范文程益自磨砺,才干日强,尽心国事,识见愈高,迅速博得皇太极宠信。后来,文馆改为内国史院、内秘书院、内弘文院,也称内三院,范文程被任命为内秘书院大学士。范文程感恩图报,殚精竭虑,操劳国事,先后疏言废除连坐法,奏准更定部院官制等。

同时,他也在协调皇太极与多尔衮、豪格诸王之间的紧张关系上,立下功劳。睿亲王多尔衮等王公统军围攻锦州时,离城远驻,又私底下派遣部分官员兵丁返家,守兵离开兵营去运粮。皇太极知道后,勃然大怒。多尔衮等人虽然引咎自责,但并非心悦诚服,君、王、将之间的关系非常紧张。范文程此时已是久经锻炼、智谋高超、蒙帝宠信的大学士,为了改变这种状况,他偕同大学士刚林、学士额色黑上奏,平息了皇太极的怒气。这才解决了兄弟二人之间的矛盾。

范文程与皇太极的关系非常好,皇太极非常信任范文程,做到了"用人不疑",从而为这段君臣际会的佳话打下了牢固的基础。据说,为表示尊重之意,不论人前人后,皇太极对范文程一律以"范章京"相称。君臣二人私下的关系也极为亲密。皇太极经常将范文程召入宫中议事,二人经常一坐就是几个时辰。崇德二年 (1637),皇太极赐予范文程一等大臣的品级,此时的范文程俨然稳居清政权汉族文臣第一人的位置。

内秘书院大学士的职责

撰写与外国往来书札,掌录各衙门奏疏、辩冤词状、皇帝敕谕、文武各官敕书等。

▲ 重用范文程的皇太极

◇疏言天下事 定计取中原◇

皇太极去世后，福临登基。之后，范文程遇到了两大麻烦：一是硕讬乱国，范文程作为他的下属险遭不测之祸，后被拨入镶黄旗；二是摄政王多尔衮的亲弟豫郡王多铎色迷心窍，抢夺范文程之妻，经过一番周折，此事才得到解决。

尽管身遭故主被戮、爱妻险被欺凌之双重危难，范文程仍以大局为重，在清朝入主中原这一紧急关头，献计献策，立下了汗马功劳。1644 年，范文程上书摄政王，奏请立即出兵伐明，夺取天下。范文程的建议对清夺取中原基本方针、政策的制定，对促使清军入关，都起了巨大的作用。在他启奏摄政王之后的第五日，摄政王多尔衮统领满族、蒙古族、汉族官兵 10 余万，祭师出发。后收降吴三桂，迎战农民军。两军大战于山海关石河西，清军大败李自成军队，并乘势追击。此时，沿途官民畏惧杀掠，四处逃匿。范文程扶病随征，安抚民心。清军迅速前进，不久摄政王多尔衮入居紫禁城内的武英殿，实现了自己的雄心抱负。

◇开国定制 再建功勋◇

清军进据北京后，社会混乱，百业废弛，人心波动。范文程昼夜操劳，佐理国政，当时头绪纷繁，

▲ 范文程画像

清朝刚定鼎北京之时，北京城的百姓能免遭杀戮，这应归功于范文程的积极上奏，这也为清朝稳定统治创造了条件。

事无巨细，都由范文程参与决策。范文程始终紧紧抓住根本问题，为革除明朝弊政，与民休息，争取人心，为国家和人民倾尽其所有心血。他首先致力于稳定都城局势，在入京后第二天就向摄政王上奏，严禁清朝官兵在城内抢夺，滋扰生事。多尔衮赞同，并下令严禁抢掠和滥杀。紧接着，他又奏请为明崇祯帝发

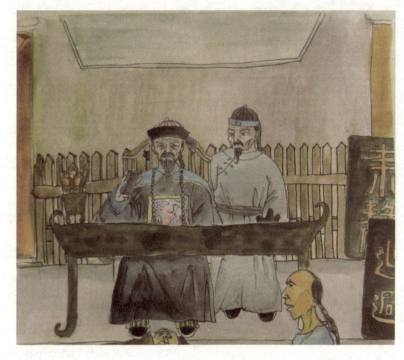

▲ 范文程办案

丧。多尔衮同意，令官民"为崇祯帝服丧三日，以展舆情"，命礼部、太常寺"备帝礼具葬"。正是这些政策渐渐得到了明朝官员和百姓的认同，也正是因为他的政策，清军才得以安定。

　　范文程制定的税收制度在清朝乃至今天都产生了重大影响。在连年战争中，农民军将明末的官府饷册通通烧毁，只剩下万历年间的旧册。范文程入京以后，即召集各部胥吏，征求册籍，以万历旧册为依据，照此征收田赋，并废除明朝多如牛毛的苛捐杂税。多尔衮听从范文程的建议，于顺治元年（1644）七月十七日谕告全国官吏军民，宣布废除三饷。接着，顺治帝颁行的即位诏中，又再次宣布地亩钱全部按照前朝原额，有清一代，田赋基本上没有加派实是奠基于此，这一安抚百姓制度的确立和坚持，便是由范文程等人努力后的结果。

　　此外，范文程很注意争取汉族文人的归顺与合

▲ 北京怀柔范文程墓

▲ 康熙帝画像

人们对范文程的"汉奸"、"叛逆"行径长期责难，使其背负着诸多历史骂名。但他是从被掳为奴后做到开国元勋的，这与主动降清，为主卖命有着本质的不同。

作，大力起用废官闲员，征访隐逸之士，让他们为官作宦，治政教民。范文程曾给顺治帝上疏，请求在顺治三年、四年再次举行乡试、会试。顺治帝听取了他的建议，开科取士，争取汉族知识分子对清王朝的支持。

范文程辛勤操劳，安抚民心，举用废官，更定律令，广开言路，确定赋制，对清初的开国定制，做出了重大贡献。

◇ 功成引退 "元辅高风" ◇

正当范文程励精图治，业绩显著的时候，朝中政局发生了重大变化，使他不得不抑制自己的雄心壮志，置身中枢之外。原来，摄政王多尔衮率清军入主中原以后，权势急剧膨胀，竟当上了"皇父摄政王"，大有取代福临帝位之势。形势非常明显，范文程要想晋爵加禄牢居相位，避免遭到谋害，就得离弃幼君投靠多尔衮；要想保持气节，忠贞不渝，就要开罪于皇父摄政王，身家性命就难保。他左思右想，进退两难。最后，范文程决定托疾家居，此情当然引起多尔衮不满。因此，尽管范文程于开国定制大有贡献，威望甚高，却不能安排参与议政，仅于顺治元年被委任为《太宗实录》总裁官。

顺治七年（1650）十二月多尔衮病逝，范文程在顺治九年遇恩诏，复进世职为一等子爵，被授予议政大臣，并任《太宗实录》总裁官。范文程继续尽心竭力佐治国政，得到顺治帝倚重，在顺治十年，晋升少保兼太子太保，后加升太傅兼太子太师，又恩诏加秩一级，并将其画像收藏在皇宫之内。他最后多次因病上疏请求休养，顺治帝才"暂令解任"，还想病愈之后再来召用。但是范文程功成引退，离开朝廷过上了平常人的生活，安度晚年。

康熙五年（1666）八月初二，这位为大清建国定制立下卓越功勋的大学士，因病去世。康熙帝亲撰祭文，赐其葬于河北怀柔县（今属北京）红螺山，谥"文肃"。几十年后，康熙亲笔书写了"元辅高风"四个字，作为祠堂横额。这也足以看出范文程的地位。

■历史评价 I

范文程也是历史上颇具争议的人物之一，对他的评价褒贬不一。范文程一生历清四世，辅佐其主，忠心耿耿，为大清开创江山立下了不朽之功，他对大清的功绩可与汉之张良、明之刘伯温相提并论。

■大事坐标 I

1597 年　出生，曾祖及其祖父都曾在明朝为官。
1618 年　归顺后金政权。
1636 年　皇太极任命其为内秘书院大学士。
1654 年　被顺治帝加少保兼太子太保，后加升太傅兼太子太师。
1666 年　逝世。

■关系图谱 I

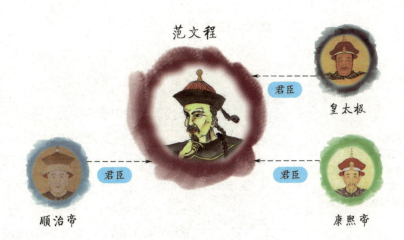

遗臭万年

吴三桂

■名片春秋 |

吴三桂（1612～1678），字长伯，一字月所，明朝辽东人，明末清初著名政治军事人物，吴周政权建立者吴周太祖。祖籍江南高邮（今江苏高邮），锦州总兵吴襄之子，以父荫袭军官。明崇祯时为辽东总兵，封平西伯，镇守山海关，后封汉中王、济王。1644年降清，引清军入关，被封为平西王，1661年杀南明永历帝，1673年叛清，发动三藩之乱，并于1678年农历八月十七日夜病死。其孙吴世璠继其皇帝位。

■风云往事 |

◇军旅生涯　政治新星◇

吴三桂在父亲吴襄和舅舅祖大寿等的教诲和影响下，文武皆通，不到20岁就考中武举，从此跟随父亲吴襄和舅舅祖大寿，开始他的军旅生涯。吴三桂23岁时，就被提升为前锋右营参将。吴三桂从游击、参将到副将，再到总兵，升迁之快，超乎常规。后来吴三桂相继参加了几次战役：杏山战役、松山战役和松锦大战。

祖大寿是世居辽东的望族，祖、吴两家的联姻，使吴襄、吴三桂父子找到了坚强的靠山，也使祖氏家族的势力更加壮大。

明清在关外对峙时期，吴三桂作为明朝将领，虽然参加过一些战斗，但是败多于胜，过大于功。然而，出人意料的是，在明末清初政治形势急剧变化的时刻，他却在各种政治势力之间屡行投机，左右逢源，逐渐成为政治上的大人物。

首先，吴三桂受到了明朝统治者的重用。面临覆亡命运的明朝便把赌注压在了关外拥有重兵的吴三桂身上。但是，就在此时，北京形势发生了翻天覆地的变化，腐朽透顶的明皇朝未待吴三桂率师至京，便已于 3 月 19 日被李自成起义军推翻了。明朝的灭亡使吴三桂失去倚靠，为了寻找新的主人，此后一个多月的时间里，吴三桂便在各种政治势力间进行投机活动。

▲ 云南丽江吴三桂为爱妾所建万古楼

◇献关降清 晋爵平西王◇

面对敌我悬殊的军事、政治形势，为了保住自己的特权地位，吴三桂最初决定投降李自成。事与愿违，农民军进京以后的革命措施使得吴三桂的这些幻想成了泡影。农民军领导人刘宗敏、李过等对俘获的明朝在京官员进行拷夹、追赃等行动，吴三桂的父亲吴襄也在被拷夹之列。另外，吴三桂的爱妾陈圆圆在北京被李自成的重要将领刘宗敏所占有，吴三桂得知后，盛怒之下叛李降清。

在形势的逼迫下，吴三桂被迫改变初衷，轻许清军进入山海关，以便与即将到来的农民军进行正面的交锋。清军主帅多尔衮接受了他的请兵，第二天，他所率的全部军队转向山海关进发。长期以来，

圆圆曲（节选）

吴伟业
鼎湖当日弃人间，
破敌收京下玉关，
恸哭六军俱缟素，
冲冠一怒为红颜。

山海关一直是清军入关作战的重要障碍，此时，吴三桂却主动请求献关，这对清军来说，可谓提供了极大的方便。所以一接到吴三桂的来信，多尔衮便立即决定全部军队折而向南，并迅速回信吴三桂，许诺"封以故土，晋为藩王"，"世世子孙，长享富贵"。为了共同镇压农民起义军，清、吴之间的联合阵线就这样初步形成了。

清军统帅多尔衮利用吴三桂所处的危急局面，逼迫吴三桂投降清朝。清军入关后的当天下午，清、吴联军和李自成为数甚少的农民军交战于山海关外。第二天就爆发了决定命运的惨烈的石河大战。李自成事先对清军入关毫无所知，加上连日作战，李军士气也处于再而衰的境地，虽然拼命搏战，最终抵挡不住清、吴两军的凶猛攻击，损失严重。农民军被击败了，李自成被迫率余众西走。最终，清、吴联军取得了胜利。

◇加官晋爵　权势高峰◇

以吴三桂献关降清为转折点，中国历史开始进入了一个新的时期。吴三桂献关降清为清进据中原提供了极大的方便，也因此得到了新主人的最高奖赏：山海关之战刚刚结束，摄政王多尔衮即于军中承制，给吴三桂晋爵为平西王。

清兵入关后，由于各种政治势力的对比发生了急剧的变化，清政府又实行了高官厚禄收买的政策，亡明官僚纷纷归降清朝。吴三桂便是其中之一。尽管如此，作为降清的汉族地主阶级代表，吴三桂和清政府之间仍有着相当大的距离。清政府对其外示优宠，内存疑忌，吴三桂望风转舵，称崇祯帝为"故主"，反复表白自己"矢忠新朝"。三年之后，清政府又调吴三桂入关，与八旗将领李国翰同镇汉中，

▲ 吴三桂像

吴三桂当初乞师击李，打的是"复君父之仇"的旗号，但从长远来看，这一旗号与清政府取代明朝、实现全国统治的总目标相矛盾。

剿杀西北地区的抗清义军余部。吴三桂为了表示自己对"新朝"的忠诚，不但对农民军残部进行残酷的镇压，动辄屠城，而且对一些起兵抗清的朱明后裔，也不遗余力地斩尽杀绝。对此，清朝统治者对他更加看重。顺治十四年（1657），又以平西大将军职，南征云贵，攻打南明最后一个政权——桂王永历政权。

十几年间，吴三桂率部从西北打到西南边陲，对清朝确立全国统治做出了重要贡献。因此，清朝对他也由原先的控制使用改为放手使用。同时，在职务上，他也一再升迁。顺治十六年攻下云南后，便让吴三桂开藩设府，镇守云南，总管军民事务。康熙元年（1662），又以擒斩桂王功，晋爵亲王，兼辖贵州。就这样，吴三桂以千百万抗清义军的头颅博得了清政府的信任，并使自己攀上了人生中权势的顶峰。

▲ 云南丽江吴三桂行宫

◇叛清建政　衡州称帝◇

然而，就在吴三桂开藩设府，坐镇云南，权力和声势都达到顶点的时候，他与清朝中央政府的矛盾却开始激化起来。在全国平定之后，清政府亟须在政治上实现对新占领地区的统治，在军事上裁减军队以减轻财政上的压力。而这些措施也使吴三桂个人利益受到损害。

清朝同撤三藩的决定粉碎了吴三桂"世镇云南"的美梦。于是，他以"反清复明"的口号，掀起了反叛活动，并在反叛之初，乘锐攻下贵州、湖南。康熙帝在得知吴三桂反叛的消息后，镇定自若，措置得当。虽然在叛乱发动之初，清兵有所失利，但是，由于在政治上是讨逆平叛，经济上是以全国制一隅，

平南王尚可喜上疏请求归老辽东，康熙帝乘势做出令其移藩的决定，对靖南王耿精忠的撤藩要求也依例照准。吴三桂不得不也请求撤藩，实则希冀朝廷慰留他。

▲ 吴三桂政权古铜钱"昭武通宝"

时间不长，便扭转了军事上的失利局面，使得正面进攻的吴军，不能越长江一步，双方在战场上暂时出现了相持的局面。

康熙十五年是双方军事形势发生重要转折的一年。因为起兵已三年有余，吴三桂深感财力、兵力严重不足，而他在各地的党羽也纷纷离心离德，各有图谋。与此相反，清政府却以全国的兵源、财源作为后盾，数路出兵，进行反攻，并逼迫各地吴军采取防守态势。当初响应吴三桂的各方将领纷纷叛吴降清。清兵的反击挫败了吴三桂的锋锐，吴三桂为鼓舞士气，挽救危局，稳定军心、民心，于康熙十七年在衡州称帝。即便如此，他也已经难以扭转战败的局面，不久便病死，清军获胜。

■ 历史评价 |

后人对吴三桂的评价不尽相同，甚至两极化。

大部分人认为，他作为汉人，却与清朝勾结，导致大顺政权及南明政权等汉人政权的覆亡，加上曾杀死永历帝等明朝皇族、大臣等，故他应被视为"汉奸"。也有人认为，在动荡的明清交际时代，只不过吴三桂是为了自己和家庭的利益着想，所谓汉奸评价实在太过苛刻。更有人指出，撰写《圆圆曲》讥讽吴三桂的吴伟业本人，最后竟然自己去做清廷的国子监祭酒侍讲，实在没有资格去写诗辱骂同样投清的吴三桂。

现河北玉田县南部窝洛沽镇，仍保留着完整的《吴氏家谱》。其中记载，之所以吴三桂引清入关，皆因李自成逼迫吴三桂投降，未果，一怒之下，在北京杀吴家百余口，并没有听说怒发冲冠为红颜。家仇所使，这才是他引清入关的真正原因。但是，吴三桂的汉奸形象在人们心中已经根深蒂固，难以改变。

■大事坐标▕

1612 年　出生。
1639 年　被擢为宁远团练总兵。
1644 年　降清，引清军入关，被封为平西王。
1661 年　杀南明永历帝。
1673 年　叛清，发动叛乱。
1678 年　病死。其孙吴世璠继其皇帝位。

■关系图谱▕

一代明相

纳兰明珠

■名片春秋 |

纳兰明珠（1635 ～ 1708），叶赫那拉氏，字端范，满洲正黄旗人。清康熙年间最重要的大臣之一，人称"明相"。名噪一时，权倾朝野，官居内阁13年，"掌仪天下之政"，在议撤三藩、统一台湾、抗御外敌等重大事件中，都扮演了相当关键的角色。后来却因为朋党的罪名被罢黜职位，后虽官复原级，却再也受不到重用了，最后郁郁而死。

■风云往事 |

◇明珠发光 扶摇直上◇

纳兰明珠的家族是满族非常有名的叶赫部，但到明珠出生时，这个部落早已成为昨日黄花。他的父亲尼雅哈只得了骑都尉世职，不能给他带来什么特别的好处。只是由于历史渊源，叶赫家族与皇室还有着姻亲关系，因而明珠在小时候就有机会进皇宫。

明珠的岳父是多尔衮的亲哥哥英亲王阿济格，阿济格狂妄自大，自多尔衮死后更无法无天，被顺

纳兰家族入关前可上溯至海西女真叶赫部。其部首领贝勒金台石在对抗努尔哈赤统一东北女真的战争中，城陷身死。

治帝赐死。明珠与其女的婚姻，非但没有给明珠带来好处，反而影响了他的前途。但纳兰明珠始终是颗璀璨的明珠，黑暗终究掩盖不住其光芒。明珠为人善解人意、聪明干练，又通满文、汉文两种语言，能言善辩，遇人嘘寒问暖，善结人心。这才是他为官顺风顺水的重要原因。

明珠最初出任云麾使，此职是负责皇帝出巡时的车驾仪仗的小官，是个权力很小的差使。但他善解人意、聪慧机警，熟悉典章制度，很快就得到掌卫事内大臣遏必隆的赏识。康熙帝继位后，遏必隆成为四大辅政大臣之一，他立即推荐明珠升任郎中，后来又做了内务府总管，成了皇室内部事务的管家。因此明珠有了更多的机会接近康熙帝、皇室成员及王公大臣，观察宫廷内部的争斗，为他将来进一步施展才华奠定了基础。

▲ 纳兰明珠之子纳兰性德像

◇平三藩乱　备受器重◇

明珠得到康熙帝的格外青睐是从议撤三藩开始的。当时三藩手握重兵，每年消耗的粮饷即占全国财政收入的一半。他们权力很大，雄踞一方，其中吴三桂甚至可以自由选任云南、贵州两省的官员，号称"西选"。加之三藩骄横无忌，残害百姓，不久之后便成清朝中央政权的巨大威胁。年轻的康熙把处理三藩问题作为要解决的三件大事之一，并把它写下来时刻警示自己，日夜思考解决的办法。

后来，吴三桂挑起了"三藩之乱"。清廷得到吴三桂反叛的消息，全国震动，而那些反对撤藩的大臣活跃起来，他们主张以和为重，纷纷建议康熙帝取消撤藩的谕令。当时主持朝政的大学士索额图请求杀掉主张撤藩的明珠等人，以安抚吴三桂。唯有明珠明白康熙帝的想法，他联合几位大臣，强烈支持康熙帝撤藩，主张以武力大举讨伐以吴三桂为首

纳兰明珠善于观察，特别能够揣摩康熙帝的想法，无论何时都能遵从康熙帝的意愿，这也是他能位及相位二十载的原因。

的叛军，深得康熙帝的赏识和欢心。为向天下表示铲除吴三桂的能力和决心，明珠向康熙帝建议，应将在京城的吴世霖、吴应熊立即处死，康熙帝认为言之有理，当即同意。吴三桂得到消息后，大惊失色，深知遇上强劲对手了，气势已经弱了三分。

此后，明珠全身心地投入到平叛战争中，协助康熙帝运筹帷幄，他除了主持兵部的日常工作，还经常参加议政王大臣会议，分析敌我军情，制定应对策略，调兵遣将，供应粮饷，为平定叛乱做出了重要的贡献。

三藩之乱平定之后，朝廷论功行赏时，任明珠为武英殿大学士，并长期让他掌管兵部尚书的重要职位。

◇收复台湾　出谋划策◇

康熙二十年（1681），郑经年仅12岁的次子郑克塽袭台湾延平王位。福建总督姚启圣请求朝廷合兵进剿，明珠等人也认为，应该利用郑氏集团相互猜忌的机会，彻底解决台湾问题。康熙帝和明珠等人商议后，任命福建将军、巡抚、总督、提督等人，同心合力，剿抚并用，平定海疆。明珠认为总督和提督一起指挥势必互相牵制，可能徒劳无功，而由一个人来统一指挥，其意

▲ 施琅收复台湾

志则容易得到执行。康熙帝认为明珠的建议可行，让福建提督施琅一人统兵进发，伺机进剿。康熙二十二年，郑克塽遣使求降，台湾问题顺利解决。

清军占据台湾后，对于郑氏集团人物的安排，康熙帝原打算将他们安插到直隶、河南等处，但为了防止郑克塽滋事，最后接受了明珠的主张，将他们编入旗人中，严加看管，以免生事。另外，康熙帝还采纳了明珠的建议，提拔了不少有作为的人物。

关于台湾的弃守问题，明珠的态度也十分的鲜明。内阁学士李光地等人主张弃守台湾，在他们看来，驻守台湾肯定会给朝廷的财政加重负担，没有利益可图，甚至还要将其拱手让于荷兰。施琅等人则坚决主张固守台湾，指出台湾对于大陆，无论在政治、国防、经济上都有重要的作用。明珠赞同施琅的建议，并最终取得康熙帝的同意，下令设台湾府，隶属福建省。从此，台湾与大陆的政治、经济和文化联系也更加密切。

▲ 索额图画像

◇结党营私　宦海浮沉◇

宦海风浪千丈高。像明珠这样没有显赫的家族背景作为依托，靠个人能力绕过前进道路上的急流暗礁，反而一路扶摇直上的官僚，必有其独到的为官之术。

索额图、明珠等人勾结在一起，把持朝政，结党营私，收受贿赂。当时在社会上甚至出现了"要做官，问索三（索额图）；要讲情，问老明（明珠）"的民谣。康熙帝每次任命官员，明珠事先都会得知消息，就对那人说："你的职位是我给你推荐的。"每有皇帝对人不满，他就说："这是皇上不喜欢你，我会替你说好话的。"内阁对明珠也是唯命是从，从不敢说半个"不"字。湖广总督张千是明珠举荐的，

明珠之罪名虽为朋党，但其忠心却是可鉴的，他对清王朝几乎付出了一切，但在位极人臣之时，却为了家族复兴留下了永久的骂名。

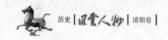

后来却被人弹劾，康熙帝要追究举荐人的责任，他竟然不敢说出明珠的名字。

明珠还靠自己的权势，聚敛了大量的财富，家里的财宝堆积如山。遇有地方官职空缺，便公然议价，由余柱国等人出面联络，开价出售。科道言官有内升出差的，明珠一伙都要居功索要。他还利用考核官吏、赈灾救灾等机会，拼命敛财。

对于明珠的所作所为，康熙早有耳闻，但他要用纳兰明珠来牵制索额图的势力。康熙二十七年，康熙终于处置明珠，列其罪行八款，包括假托圣旨、收买人心、买官卖官、广结党羽、收受贿赂、控制言路等。康熙帝下令革去明珠和勒德洪的大学士职务。此后，康熙帝又任明珠为内大臣、议政大臣等，虽然康熙仍把他留在身边，但明珠的势力已经一去不复返了。

■ 历史评价 I

纳兰明珠是康熙朝最重要的大臣之一，曾名噪一时，权倾朝野，人以"相国"荣称。他官居内阁十三年，"掌仪天下之政"。在三藩执掌权力过大之时，他毫不顾及自身，毅然上书议撤三藩；为收复台湾，更以身入虎口，为抗击外敌，深入敌区。作为一位文官，是不易的；作为臣子，是尽忠的。而其能力还不仅仅在此。 纳兰明珠初任云麾使，二任郎中，三任内务府总管，四任弘文院学士，五任加一级，六任刑部尚书，七任都察院左都御史，八任都察院左都御史、经筵讲官，九任经筵讲官、兵部尚书，十任经筵讲官、佐领、兵部尚书，十一任经筵讲官、吏部尚书、佐领，十二任加一级，十三任武英殿大学士兼礼部尚书、佐领、加一级，十四任 太子太傅、武英殿大学士兼礼部尚书、佐领、加

纳兰家族因封建贵族制度而世代为官，并一度位极人臣，通过血缘、婚配等与清王朝统治阶级构成千丝万缕的联系。

乾隆帝在国史修纂《明珠传》时指出，确核明珠罪案，只是在于徇利太深，结交太广，不能恪守为官的戒律，并不至于像明代的严嵩等人那样窃弄威福。

一级，而后更赐三眼花翎，在"相位"二十载，可见其能力非同寻常。

身为封建权臣，他也倚重皇帝对自己的宠信，独揽朝政、卖官鬻爵、贪财纳贿、结党营私、打击异己，在封建统治集团的内部斗争中，经历了荣辱兴衰，有起有落。因为在他从政晚期，曾被康熙帝罢相，致使许多关于他的资料都湮没不详。

■大事坐标 |

1635 年　出生。
1669 年　出任都察院左都御史、兵部尚书、吏部尚书等要职。
1681 年　三藩之乱平定之后，为武英殿大学士，并长期掌管兵部尚书的要职。
1683 年　协助康熙帝收复台湾。
1686 年　与俄国谈判使团谈判，为日后《尼布楚条约》的签定创造了必要的条件。
1688 年　康熙帝以八款罪处置纳兰明珠。
1708 年　在北京逝世。

■关系图谱 |

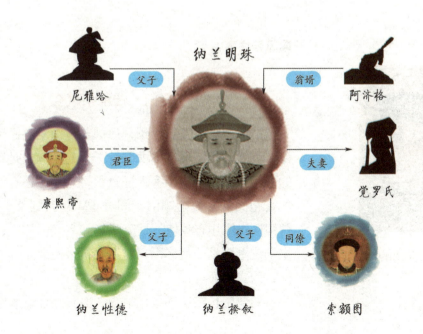

73

刚正宰相

刘墉

■名片春秋 |

刘墉（1719～1804），字崇如，号石庵，山东高密县逄戈庄人（原属诸城）。清代书画家、政治家，被嘉庆帝戏称为刘罗锅。32岁中进士，官至内阁大学士，为官清廉，有其父刘统勋之风；擅长书法，传世书法作品以行书为多；一生刚直不阿、不畏权势；铁齿铜牙、秉公执法；斗智斗勇、反腐倡廉。他清正廉洁、为民请命的诸多故事，在民间广为流传。

■风云往事 |

◇出身名门 传承家风◇

　　刘墉祖籍江苏省徐州，后逃荒至山东高密（现诸城），出身于山东诸城刘氏家族，这个家族是当时的名门望族，家族中多人通过科举走上仕途。刘墉的曾祖父刘必显为顺治年间进士，祖父刘棨（qǐ）曾担任过四川布政使，是康熙年间有名的清官，父亲刘统勋更是一代名臣，官至军机大臣兼东阁大学士，为官清廉。

　　刘墉生长在这样世代书香、以科举仕进为荣的

▲ 刘墉之父刘统勋像

家庭，自小肯定就接受了良好的教育，后来他成为四库全书馆副总裁也证明了其学识的渊博。可是不知为何，满腹经纶的刘墉却迟迟没有参加科举考试，至少到现在还没发现有记录他在 30 岁之前参加科举考试的资料。直到乾隆十六年（1751），刘墉才因为父亲的关系，以恩荫举人身份参加了当年的会试和殿试，并获进士功名，不久改为翰林院庶吉士。翰林院庶吉士作为翰林的预备资格，一般从科考成绩优异的进士中选拔，然后在庶常馆学习深造，期满考试合格者，授翰林院编修。清代翰林虽然薪俸较薄，但作为皇帝身边的文学侍从近臣，号称"清贵"。而且，大臣死后如果想得到皇帝赐谥的"文"字，则必须是翰林出身。所以，清代科举仕进者十分看重翰林出身。应当说，刘墉在仕途上开局良好。

▲ 刘墉朝服像

◇精干有为　任职四方◇

　　从乾隆二十一年开始刘墉被外放，此后 20 余年里，他主要做地方官，由学政、知府，直至督抚大员。但是，刘墉的仕途也遇到了很多挫折。

　　乾隆二十年，刘墉的父亲，时任陕甘总督的刘统勋以办理军务失宜下狱，刘墉当时正担任翰林院侍讲，也被株连逮捕，不过没到两个月就被释放了，官位却被降为编修。好在第二年，好运又一次眷顾了刘墉，他被提升为安徽学政，放外任做了地方官。当时的学政权力很大，可以直接向皇帝上书奏章。在当了三年安徽学政以后，刘墉又调任江苏学政。在做地方官期间，刘墉秉承了其父刘统勋的雷厉风行、正直干练的行事风格，对官场恶习、科场积弊进行了力所能及的整顿，为百姓做了不少实事。到任后没几天便审理完前任遗留下的疑难案件，受到

砥砺风节，正身率属，自为学政知府时，即谢绝馈贿，一介不取，遇事敢为，无所顾忌，所至官吏望风畏之。

——《诸城县志》

官民的一致称赞。

刘墉就任江宁府知府时，十分珍视这次机会，铆足了劲要大干一番。于是在一年时间里，刘墉的江宁知府就政声鹊起，老百姓将他与包青天相提并论，他也算得上是难得的贤能官吏。

此后，刘墉的仕途畅通起来，先后做了江西、陕西、江苏等地的父母官。乾隆四十五年，刘墉被授湖南巡抚，节制各镇，兼理粮饷，驻长沙，兼理军民事务，当上了名副其实的封疆大吏。乾隆四十七年，刘墉奉调入京出任左都御史，命在南书房行走，在当时这是十分难得的荣誉。

◇学富五车　书法大家◇

刘墉在文化事业上的建树，远远超出他在政事上的成就。他学识渊博，经学根底深厚，文章、诗词、书法均为上乘，琴棋书画，无所不能。他不仅是政治家，更是著名的书法家，是帖学之集大成者，是清代四大书法家之一（其余三人为成亲王、铁保、翁方纲），被后人称为"浓墨宰相"。

在当时，刘墉师古而不拘泥，是一位善学前贤而又有创造性的书法家。他的书法风格和明代以来帖学传统最大的不同之处，便是他不追求一般学帖者习惯的纵肆跳宕或流畅婉丽，而是以丰腴浑厚的点画、率意松散的结字和浓重的墨色，成功地营造出一种雍容、静谧，甚至还带有一些慵怠落拓之相的美感。在他的一生之中，其书法曾数度变化，年轻时珠圆玉润，中年时笔力雄健，到晚年时则趋于平淡，其总体风格是用墨厚重，古拙朴茂，貌丰骨劲。而对他的书法评论历来不一，有人讥之为肥腻不堪，状如墨猪。但大多数人认为这是精华蕴蓄，劲气内敛，有绵里藏针之妙，因此刘墉的字也十分

刘墉书法造诣颇深，在乾隆之际，翁方纲、梁同书、王文治、刘墉并享书法声誉，被称为"清代四大书法家"。其书法艺术成就，当推刘墉最高。

难学。也有后人称赞他的小楷，不仅有王羲之、钟繇、颜真卿和苏轼的法度，还深得魏晋小楷的风致。因此纪晓岚经常请刘墉为自己写对联。比如"浮沉宦海同鸥鸟，生死书丛似蠹鱼"，是纪晓岚非常喜欢的诗句，生前他曾将此诗作为自挽联。

刘墉精研古文考辨，博通百家经史，工书善文，名盛一时，著有《石庵诗集》刊行于世。他多次主政文化机构，清代实施的几项重要文化建设工程，如编纂、增补卷帙浩繁的《四库全书》《清三通》《清会典》《日下旧闻考》等都有他的亲身参与，可谓功不可没。

◇清正廉洁　弹劾和珅◇

刘墉与和珅的关系，总是人们关注的焦点，刘墉清正廉洁，而和珅是有名的大贪官，因此，人们习惯上认为二人忠奸对立，水火难容。的确，刘墉并不阿附和珅，基本采取独善其身的做法。

乾隆帝死后的次日，嘉庆帝即夺和珅军机大臣、九门提督等职务，并复刘墉上书房总师傅一职。随后，各省督抚及给事中，纷纷上章弹劾和珅，要求将和珅凌迟。不过，刘墉等人建议，和珅虽然罪大恶极，但是毕竟担任过先朝的大臣，不得不为先帝留面子，请从次律，即赐令自尽，保其全尸。刘墉等人为防止有人假借和珅案打击报复，及时向嘉庆帝建议应做好善后事宜。结果，在处死和珅的第二天，嘉庆帝发布上谕，申明和珅一案已经办结，借以安抚人心。和珅之案结束后，刘墉受赠太子太保，

▲ 刘墉作品书影

77

▲ 刘墉像

刘墉就是家喻户晓的"刘罗锅",因为他"忠君、爱民、清廉",深得百姓喜爱,他也是清代"上镜率"最高的大臣之一。

可见嘉庆帝对他的肯定。和珅之案的处理,颇得时人称赞,可见,刘墉并未因公务而泄私愤,充分体现了一位群臣领袖应有的风范。

嘉庆九年(1804),刘墉于北京驴市胡同家中逝世。去世当天他还到南书房当值,晚上还设宴会招待客人,"至晚端坐而逝"。《啸亭杂录》记载,刘墉死时,说他"鼻注下垂一寸有余",与佛语中的善于解脱之意暗合。不管怎样,刘墉可算得上是无疾而终,功德圆满,寿终正寝。

■ 历史评价 ▏

刘墉的一生为民请命,清正廉洁,有很多关于他的趣闻轶事流传民间,至今仍为人们所津津乐道。刘墉为官数十载,从其为官风格来看,明显地分为两个截然不同的时期。可以这样评价:清正刚直的刘墉和圆滑事故亦不失清正的京官刘墉。在任地方官的 20 余年里,他身体力行地实践了守土安民、施行政令的职责,保持着洁身自好、恪尽职守、力行实政的作风。到了京城以后,他为做好京官调整了刚直方正的为官处理策略,从而变得圆滑模棱,但仍与和珅斗智斗勇,处理了不少贪污大案,为人民所称颂。

其实中后期的刘墉相当圆滑,而且其也非如电视剧里所描述的那样与文字狱相抗争,甚至他还是两起文字狱的始作俑者(按照当时的大清律,这两起事件中也确实有禁忌语言和立意,倒也不是刘墉无中生有)。因此可以说刘墉尽心尽力,忠于职守,是个忠臣;也可以说刘墉两袖清风,是个清官。其正直及不上他的父亲刘统勋,因此,在他死后未得到像他父亲那样"文正"的最高评价,而是只得到"文

"清"的谥号。

■大事坐标 |

1719 年　出生。
1755 年　父亲刘统勋因办理军务失宜下狱，受株连降为编修。
1759 年　调任江苏学政。
1762 年　为山西省太原府知府。
1766 年　因任太原知府期间，失察所属阳曲县令段成功贪侵国库银两，坐罪革职，判死刑。乾隆帝特加恩诏免，发军台。
1776 年　诏授内阁学士，任职南书房。十月，任《四库全书》馆副总裁。
1780 年　授湖南巡抚。
1799 年　查处和珅。
1804 年　于北京驴市胡同家中逝世。

■关系图谱 |

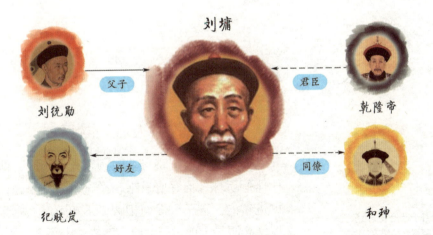

刘墉

刘统勋 — 父子

乾隆帝 — 君臣

纪晓岚 — 好友

和珅 — 同僚

一代鸿儒

纪晓岚

■名片春秋 |

纪晓岚(1724～1805)，名昀，字晓岚，一字春帆，晚号石云，道号观弈道人，直隶献县（今河北沧州人）。清代政治家、文学家。4岁开始启蒙读书，11岁随父入京，读书生云精舍。21岁中秀才，23岁应顺天府乡试，为解元，自后步入仕途。襟怀夷旷，机智诙谐，常常出语惊人，妙趣横生，盛名当世。他历经雍正、乾隆、嘉庆三朝，终年82岁。

■风云往事 |

◇聪颖过人　少年顽皮◇

少年时期，纪晓岚就聪颖过人。一次，他和小伙伴们玩球，恰好府官乘轿经过，一不小心，把球掷进轿内。孩子们面面相觑，不知道怎么办。纪晓岚壮起胆子上前讨球。府官戏弄地出了个上联："童子六七人，惟汝狡。"让纪晓岚对下联，对得出，就还球给他。纪晓岚一寻思："太守二千担，独公……""怎么不说完？"府官问。"你要是还我球，就是独公廉，不然就是独公贪。"府官一愣，只得把

纪晓岚出身于世代书香之家。纪氏到纪晓岚之父纪容舒时，家道衰而复兴，更加重视读书，遗训尚有"贫莫断书香"一语。

球还给了纪晓岚。小伙伴们都十分佩服他。

　　纪晓岚幼时读私塾，因聪敏过人，过目成诵，强记不忘，故有小神童的美誉。其师石先生甚爱之，因为功课对他没有什么压力，于是他就在闲暇时候喂弄家雀，而且把它塞进墙洞，然后用砖头把洞堵上。石先生发现这个秘密，怪其不务正业，便偷偷将家雀摔死又放入洞中，然后在堵洞口的砖上戏题一上联："细羽家禽砖后死。"纪晓岚下课又去喂家雀，见砖上对联言明家雀已死，知石先生所为，便在旁边续对下联："粗毛野兽石先生。"石先生看到续联大为恼火，手持教鞭责问纪晓岚为何辱骂先生。纪晓岚不慌不忙答辩道："我是按先生的上联续对的下联。请看，粗对细，毛对羽，野对家，石对砖，兽对禽，先对后，生对死。是否应这样对，请先生指教。"石先生无言对答，拂袖而去。没过几天纪晓岚去见石先生，石先生怒气未消，稳坐太师椅，面沉似水，不迎不送。纪晓岚又出了怪招，从先生屋走而复返，又请教"阄"字的念法和写法。当时石先生并无介意，等纪晓岚走后才醒过味来。原来"阄"即"门内龟"，纪晓岚是骂自己不出门送客，但又不好加责。

▲ 纪晓岚书法

◇步入仕途　乾隆嘉奖◇

　　虽然天资很重要，但纪晓岚的后天学习更是成为"一代通儒"的基本要素。纪晓岚从小深受父亲影响，也受到家人严格督促。当然，他自己也博览群书，勤奋好学，加上其聪颖的禀赋，其学问与日俱增。雍正十二年（1734），纪晓岚随父入京，受业于著名画家董邦达门下。董邦达是清代皇家画院中继王原祁之后的一代宗匠。名师出高徒。乾隆五年（1740），纪晓岚返乡应童子试。乾隆十二年应乡试，其文章才气飞扬，词采富丽，引人入胜。这次乡试

　　董邦达既是地位很高的官员，同时又擅长作山水画，而且还颇为皇帝欣赏，所以在他的作品中，一部分是专门为皇帝而画的。

▲ 北京珠市口纪晓岚故居

的主考官就是当时大名鼎鼎的阿克敦和刘统勋。两人为之拍案称绝，擢他为乡试第一。乾隆十九年三月中进士，会试列第二十二名，殿试中名列二甲第四名。同年进入翰林院，开始了他的官宦生涯。此后他担任山西、顺天乡试的主考官，并曾视学福建。纪晓岚奔忙于学官和侍奉皇帝期间，每每同僚之间、君臣之间多有酬唱应答、妙语佳对，不仅赢得广泛赞誉，也颇得乾隆帝嘉奖。

纪晓岚入主翰林后，他的聪明才智得到了尽情发挥。有一年乾隆帝东巡泰山，纪晓岚随驾。东岳弥高岩前，乾隆帝突然想起《论语》里的"仰之弥高"之句，高兴之余题出一幅相当难应对的上联："仰之弥高，钻之弥坚，可以弥上也。"纪晓岚不假思索地念出了下联："出乎其类，拔乎其萃，宜若登天然。"对得自然工巧，无懈可击。

◇吸烟成癖　纪大烟袋◇

纪晓岚不光是一位著名的文学家，也是一位嗜烟的瘾君子。其好烟程度，在当时十分出名。抽烟是纪晓岚平生三大嗜好之一，且吸烟成癖，烟瘾奇大，所用的旱烟袋是定制的，容量很大，有人说一次能装三四两烟丝，这虽有夸张之嫌，但在京中是独一无二的，在全国也属罕见，于是就有了"纪大烟袋"的绰号。

纪晓岚烟瘾之大无人能及。他常把旱烟袋攥在手中，口里喷云吐雾，倍感舒心惬意。纪晓岚在当朝才高人缘好，在家养伤期间同僚们多去探望，看他手握大烟袋依然如故，劝他说："既然深受其害何不戒掉。""诸君只见我身受其累，却不知道我深得其利啊！每天写作之时，吸上几口便思如泉涌，挥洒自如。缺少它便寂寞难耐，文思枯竭。"纪晓岚大言吸烟之利，颇有一番宏论。

▲ 各种烟袋

纪晓岚的才学在清代文人名士中颇受推崇,这位大文人以烟尽兴,畅论天下,挥洒笔墨,不拘小节,倒也不失为人生一大境界。

◇斗智斗勇 亦敌亦友◇

民间传言纪晓岚与和珅二人结怨颇多,但事实上,纪晓岚与和珅的关系就像是忘年交。年轻的和珅处世外向泼辣,年老的、处世逐渐内敛圆滑的纪晓岚会善意地提醒和珅。两人虽在政见上会有不少争吵,但

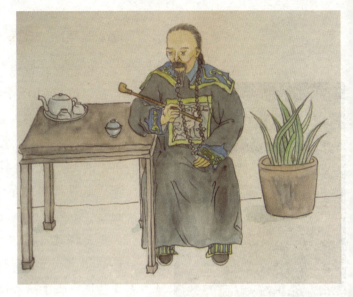

▲ 纪晓岚吸烟像

也在某些情况下会默契的配合。在工作中,更多的是和珅对纪晓岚的关照;在人际关系上,更多的是纪晓岚对和珅的帮助。同时,纪晓岚对自己的能力也了解,在文学上固然无人可比,但在理财和治国上,自己远不如和珅。而纪晓岚本身就是一个御用文人,也就是说,纪晓岚与和珅没有不可调和的利益冲突,另一方面两个人也是当时清朝最重要的两个支柱,乾隆最仰仗的两个大臣,如果真的斗的不可开交,那就不可能有"康乾盛世"了。

不过,这二人之间的确发生过趣事。一次和珅修了一座竹园,知道纪晓岚墨迹珍贵,便要他题个亭额。纪晓岚略加思索,挥笔在纸上写了"竹苞"。和珅赶快让工匠刻成匾额,悬挂在亭台上。一天,乾隆皇帝来游园子,见到亭台上"竹苞"的匾额,忍不住哈哈大笑起来。和珅在一旁赔着笑,谁料皇帝说道:"好一个纪晓岚。这竹苞二字,拆开来不就是个草包嘛!"和珅听了,自是敢怒不敢言。

▲ 和珅画像

◇编纂巨著　交友甚广◇

纪晓岚在官场上驰骋近半个世纪，又多次担任乡试、会试的主考官，另外他还主持编纂《四库全书》。《四库全书》对保存和整理我国古代文化遗产功不可没。全书共收录各种书籍达 3 503 种，79 337卷，存目达 6 783 种。其中有 380 多种佚书是众多学者长期搜集失而复得的珍品。还有不少书籍，经过艰苦的考订而恢复了原貌。

纪晓岚后期，备受恩宠。他三迁御史，三入礼部，两次执掌兵符，最后以礼部尚书、协办大学士加太子少保管国子监事致仕。纪晓岚不仅居高位，享盛名，而且执学术牛耳，为士林所崇仰。洪亮吉称其"当代无人可并论"，是名副其实的一代文宗。虽然如此，他晚年的内心世界却日益封闭。年轻时一度血气方刚、才华横溢，晚年他日感疲惫，再"无复著书之志，唯时作杂记，聊以消闲"，其《阅微草堂笔记》正是这一心境的产物。

嘉庆十年（1805）二月十四日，一代鸿儒纪晓岚去世。嘉庆帝亲自祭奠，并追谥"文达"。

■历史评价 I

纪晓岚一生有两件事情做得最多，一是主持科举，二是领导编修。他曾两次为乡试考官，六次为文武会试考官，所以他有许多门下士，在士林很有影响。其主持编修，次数更多，先后做过武英殿纂修官、四库全书馆总纂官等。人称之大手笔，实非过誉之辞。纪晓岚晚年，曾自作挽联云："浮沉宦海同鸥鸟，生死书丛似蠹鱼"，堪称其毕生之真实写照。纪晓岚天资颖悟，幼年即有过目成诵之誉，不过其

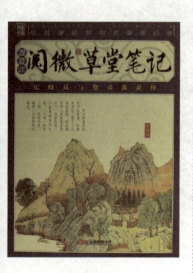

▲《阅微草堂笔记》封面

吟雪

纪晓岚

一片两片三四片，
五片六片七八片。
九片十片千百片，
飞入芦花都不见。

学识之渊博，主要还是力学不倦的结果。

在政治上，纪晓岚也是很有见地的，却被其文名所掩。他认为，教民之道要根据实际情况，因势利导，他经常关心民间疾苦。

■大事坐标Ⅰ

1724 年　出生。
1740 年　参加童子试，以优异的成绩得"神童"绰号。
1747 年　参加正科乡试，获第一即解元。
1754 年　正科会试，考了第二十二名，殿试考了二甲第四名，授翰林院庶吉士。
1768 年　乾隆帝下旨查办两淮盐引案，受牵连，定罪戍边，前往乌鲁木齐。
1770 年　乾隆皇帝因要编修《四库全书》而诏其回京。
1773 年　《四库全书》的编纂工作展开，与陆锡熊出任总纂官。
1805 年　任礼部尚书，协办大学士。加太子少保，管国子监事。二月十四日，去世。

■关系图谱Ⅰ

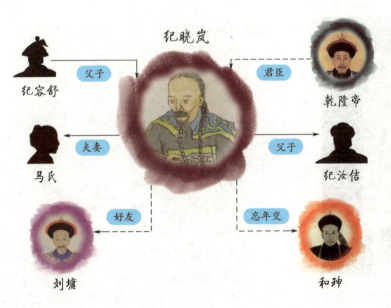

民族英雄

林则徐

■名片春秋 ┃

林则徐（1785～1850），字元抚，又字少穆、石麟，福建侯官（今福建福州）人，清朝后期政治家、思想家和诗人，中华民族抵御外辱过程中伟大的民族英雄。因其主张严禁鸦片、抵抗西方的侵略，坚持维护国家主权和民族利益深受中国人民的敬仰。史学界称他为近代中国的第一人臣。

■风云往事 ┃

▲ 福建博物院内林则徐雕像

◇贫苦童年　发奋读书◇

林则徐出身于下层封建知识分子家庭。父亲林宾日，以教读、讲学为生。因为其父教私塾收入微薄而无法维持生活，于是，其母就用手工劳动来分担家庭的困窘。由于家计无法代劳，于是，林则徐便每天到书塾之前，都会先把母亲姊妹的工艺品拿到店铺寄卖，放学后，再到店铺收钱交回母亲。贫苦的童年使他日后升至高官时能保持节俭的习惯。

在科举时代，林则徐的父母指望自己的儿子能在仕宦之途发达上升。林则徐天性聪颖，在４岁时便被父亲"怀之入塾，抱之膝上"，口授四书五经。在父亲精心的培育下，他小的时候就读了儒家经传。嘉庆三年（1798），他中秀才后就到福建著名的鳌峰书院读书，受教于具有实学的郑光策和陈寿祺。在父亲和亲友多年的影响下，他开始把目光转向经世致用之学。

1804 年，林则徐中举人。父亲的谆谆教导使林则徐在学业上取得了惊人的成就。但此后由于家庭日难，林则徐外出当塾师。后来，他应房永清之聘到厦门任海防同知书记。这里的鸦片烟毒引起他的注意。同年，受新任福建巡抚张师诚的赏识招入幕府。他在张幕中学习了不少清朝的掌故和兵、刑、礼、乐等知识以及官场经验，为他以后的入仕准备了必要条件。

◇为官廉洁　刚直不阿◇

林则徐一生为官清正廉洁，很多官员为了讨好他，都暗地给他送来金银珠宝，但都被他坚决拒绝了。民间流传着很多林则徐为官清正廉洁的小故事。

1820 年，林则徐被任命为江南监察御史，巡视江南各地。当时，他到澎湖群岛寓所刚歇下，有个自称"花农"的人献上一盆玫瑰花，说是要请林大人换个大盆栽花。林则徐心知有异，一脚踢翻花盆，盆里现出一个红包。包里是一只足有半斤重的金老鼠和一纸信笺，笺上写着："林大人亲收，张保敬献。"林则徐当场将张保行贿的金老鼠没收，上缴国库。

道光十九年(1839 年)，林则徐赴广州查禁鸦片。5 月间，英国商务代表义律请林则徐到他的私邸参加宴会，并将一只精致方盒奉送给林则徐："请大人笑纳我们的小小见面礼。"林则徐接过来打开一看，大红软缎衬垫上放着一套鸦片烟具，只见，白金烟管，秋鱼骨烟嘴，钻石烟斗，旁边是一盏孔明

▲ 林则徐画像

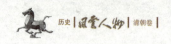

灯和一把金簪，光彩夺目，起码值十万英镑。林则徐道："义律先生，本部堂奉皇上旨意，到广州肃清烟毒。这套烟具属于违禁品，本当没收，但两国交往，友谊为重，请阁下将烟具带回贵国，存入皇家博物馆当展品吧！"义律被讽刺得无地自容，只好将礼品收回。

◇虎门销烟　振奋国威◇

1839 年 3 月 10 日，林则徐奉命为钦差大臣到达广州查禁鸦片。禁烟运动迅速展开。他一面加紧整顿海防，缉拿烟贩；一面限令外国烟商交出鸦片。林则徐在给外国烟商的通牒中说："若鸦片一日未绝，本大臣一日不回。"由于林则徐的态度坚定和他采取的有力的措施，再加上人民的支持，外国烟商被迫交出鸦片 2 万多箱。林则徐下令在虎门将鸦片公开销毁，并带领大、小官员亲自监督。他令人将鸦片放入挖好的两个大池子里，池中放入卤水，鸦片浸泡半日后，再加上生石灰，生石灰会将生水煮沸，这样鸦片就被销毁了。经过 23 天，这才把缴获的鸦片全部销毁。这就是举世闻名的"虎门销烟"。林则徐销烟的正义行动，取得了广大人民的支持，虎门海滩每天都有上万人观看，人们无不拍手称快。外国人看到这样的情形，也对林则徐禁烟的果断表示钦佩。

虎门销烟一方面唤醒了很多当时的爱国之士，他们开始反省，重新定位中国在世界上的地位，不再以"天朝上国"自居。另一方面，虎门销烟也大大抑制了英国在中国的鸦片交易，沉重打击了英国资产阶级在中国的贸易掠夺的行为，展示了中国人民禁烟的坚定决心和觉醒意识。

此外，这次事件还成为世界禁烟运动的一个范例，历史上很多国家、地区结合自身的情况对此予

英国政府全权代表查尔斯·义律，曾多次阻挠林则徐禁烟，但他本人是一位坚决的鸦片贸易反对者。他认为这种贸易是一种罪行，是大英帝国的耻辱。

▲ 虎门销烟纪念碑

▲ 《虎门销烟》（国画）

以效仿，抑制毒品泛滥。

　　林则徐领导禁烟运动的胜利维护了中华民族的尊严和利益。虎门销烟是中国近代史上反对外国侵略的重要事件，也是人类历史上旷古未有的壮举。史学家认为，它展示出了中华民族反对外来侵略的决心，对中国人民抗击外来侵略有着标志性的意义。

◇反遭诬陷　戍守伊犁◇

　　林则徐抗英有功，却遭投降派诬陷，被道光帝革职，"从重发往伊犁，效力赎罪"。他忍辱负重，1841 年 7 月 14 日踏上旅途。在赴戍途中，仍忧国忧民，并不为个人的坎坷而唏嘘，但当他与妻子在古城西安告别之时，他才怀着满腔愤怒，写下了"苟利国家生死以，岂因祸福避趋之"的激励诗句。这是他爱国情感的抒发，也是他性情人格的写照。

　　道光二十一年十一月初九林则徐到新疆，他不顾年高体衰，从伊犁到新疆各地，"西域遍行三万里"，实地勘察了南疆八个城，加深了对西北边防重要性的认识。林则徐从所译资料中发现沙俄对中国的威胁，促成了他抗英防俄的国防思想，成为近代"塞防论"的先驱。于是他明确向伊犁将军布彦泰提出"屯田耕战"的想法，有备无患。他还领导群众兴修水利，推广坎儿井和纺车。人们为纪念他的业绩，称其为"林公井""林公车"。林则徐根据自己多年在新疆考察的经验，结合当时沙俄胁迫清廷开放伊犁的现状，指出沙俄威胁的严重性，临终时曾大声疾呼，告诫国人："中国最后的忧患，肯定是俄国！我已经老了，但是你们肯定能看到那一天。"果不其然，50 余年之后，中国数百万领土被俄国蚕食鲸吞，历史证明了林则徐的预见是正确的！

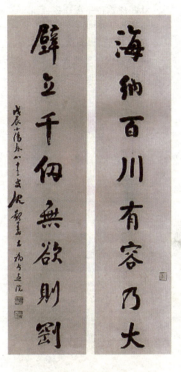

▲ 林则徐手迹

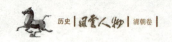

林则徐墓位于福建省福州市北郊马安村的金狮山麓。墓用三合土筑造，为四层台结构。墓地离市区4千米。

▲ 林则徐纪念邮票

◇鞠躬尽瘁　万古流芳◇

林则徐退官之后，想与北京任京官的长子同住，因买不起京中住宅，最终回到福州，住在父亲购置的旧屋中。从此，他过着平淡的生活。

咸丰帝即位后，因洪秀全等组织的拜上帝会准备起事，所以，咸丰帝下旨求贤以对付太平天国，大学士潘世恩等力荐林则徐。可是林则徐久病未康复，疝气不时发作，因此他躺在特制的卧轿上不能下床，由福建、广东山区，一路直达广东。到潮州时，他开始严重下痢，到了普宁，已病入膏肓，不得不暂住普宁行馆。最后林则徐在儿子林聪彝及幕僚刘存仁陪伴下，于道光三十年，指天三呼"星斗南"之后，与世长辞。

■历史评价 ■

清代著名思想家、史学家魏源听闻林则徐的死讯，作挽联对林则徐人品和功绩，做了全面和崇高的评价："品望重当朝，犹忆追陪瞻雅范；褒荣垂史乘，徒殷景仰吊遗徽。"林则徐虽居高位，但清廉自好，勤于职守，循法秉公，被老百姓誉为"林青天"。在广东期间，林则徐大举禁烟，同时，他对外商采取了恩威并重、分化瓦解的策略，提出了"奉法者来之，抗法者去之"的策略，对正当贸易加以保护和鼓励。他是中国人心目中永远的民族英雄。

另外，林则徐还被称为中国近代"开眼看世界的第一人"，他打破以清朝以"天朝"自居的妄自尊大和闭关锁国的保守思想，积极了解外国情况，吸收新事物。他一面积极备战，增设西洋大炮，一面积极了解西方资本主义国家的政治、军事、经济情况，设立译馆，翻译外文书报、律例、军事技术等著作，先后辑有《四洲志》《华事夷言》《滑达尔各国律例》等举世闻名的著作，这些著作成为中国近代最早介绍外国的文献。他还是第一个了解国际法，运用国际法与英国人做斗争的中国人。

■ 大事坐标 |

1785 年	出生。
1804 年	中举，任厦门海防同知书记，后入福建巡抚张师诚幕府。
1811 年	中进士，选为庶吉士，授编修。先后任江西乡试副考官、云南乡试正考官。
1820 年	任江南道监察御史转浙江杭嘉湖道，修海塘，兴水利，发展农业，颇有政声。
1839 年	虎门销烟。
1841 年	充军伊犁。
1850 年	10 月，奉旨为钦差大臣，赴广西镇压农民起义。11 月 22 日病逝于潮州普宁县 (今广东普宁北) 行馆。

■ 关系图谱 |

千古完人

曾国藩

■名片春秋丨

曾国藩（1811～1872），初名子城，字伯涵，号涤生，谥文正，出生于湖南长沙。晚清重臣，湘军的创立者和统帅；清朝军事家、理学家、政治家、书法家，文学家，晚清散文"湘乡派"创立者；晚清"中兴四大名臣"之一，官至两江总督、直隶总督、武英殿大学士，封一等毅勇侯。有评论家说曾国藩是中国古代历史上的最后一人、近代历史上的第一人。他也是近代中国最显赫和最有争议的人物之一。

■风云往事丨

◇天性愚笨　勤能补拙◇

曾国藩小时候天赋不高，甚至经常被人耻笑为"愚蠢之辈"。据说，即便很短的一篇文章，也要念上几十遍，他才能念熟。好在他是个好学勤奋的孩子，从来都不认为读书是份苦差事。

一天晚上，曾国藩又在家读起了书，一篇不到300字的文章，他念了不下20遍还没有背下来。这时他家来了一个贼，躲在屋檐下向屋里偷窥，想等

曾国藩的祖父曾玉屏虽少文化，但阅历丰富，父亲曾麟书则是塾师秀才，作为长子长孙的曾国藩，自然受到两位先辈的伦理教育。

这个读书人睡觉之后捞点值钱的东西。可是等了很久，曾国藩就是不睡觉，约莫一个时辰之后，曾国藩还在翻来覆去地读那篇文章。于是，那贼受不了了，霍地跳下来，冲曾国藩大怒道："像你这种笨人还读什么书！"然后将那篇文章一字不落地背诵了一遍，扬长而去！

看到这里，我们不得不感叹这贼人的聪明，曾国藩对着课本念几十遍都背不下来的文章，他仅听几遍便能一字不落地背诵了。但是，我们恐怕也得感叹另一点：即使这贼再聪明，偷得再好也只是名不见经传，不知所终。而天性愚钝的曾国藩，却因为"天道酬勤"而成为中国历史上极有影响的大人物。

▲ 湖南双峰曾国藩故居富厚堂

◇官升四级　职兼五部◇

曾国藩作为政坛上的大人物，与其他政客或政治家最为显著的区别，就是他在建立事功的过程中非常注重自己人格的修炼，同时又以人格修炼的完善来促进事功的建立。这一点中国历史上的政治人物能自觉去做的都很少，更不用说做得好的了。

据史册记载，曾国藩的一生大概有四个阶段。第一个阶段是艰苦力学的农家子弟，第二个阶是北京城里的太平京官，第三个阶段是与太平军作战的军事首领，第四个阶段就是两江、直隶最高行政长官，也就是两江总督和直隶总督。

曾国藩 28 岁中进士点翰林，是他们家破天荒的翰林；30 岁授翰林院检讨，官品是从七品。只用 7 年的时间，在他 37 岁的时候就已经是从二品的大员了。在全国范围内，如此快速地升官的人极少，而在湖南更加是空前绝后的了。从 39 岁 ~ 42 岁，他先后兼任五个部的侍郎，除了户部，吏部、刑部、

▲ 曾国藩像

曾国藩侍奉了道光、咸丰、同治三代君王，历时34年。他政声卓著，治民有言，有"从政要学曾国藩，经商要学胡雪岩"的美誉。

▲《曾国藩家书》书影

工部、兵部他都干过。这意味着：第一，曾国藩的官运很好，很会做官；第二，他的官声很好。

同治三年（1864），将南京攻下之后，朝廷封他为一等毅勇侯。自古书生是很少有封侯的，曾国藩以一介书生获军功而封万户侯，不止如此，当时他的身份就是一大学士。

◇慎独修身　行事低调◇

传统的主流文化对成功还有一个评价体系，那就是我们都熟悉的立德、立功、立言。一个人如果做到这几个方面，就成功了。曾国藩在中国的近代被称为完人，他有道德，有军功，有文章。

曾国藩在翰林院工作期间，他把修身当作日常生活中不可或缺的内容，是日常生活中很重要的一个部分。现在保留下他的12项课程，其中归纳起来有几个方面。对自己的人生修炼，有五个字：首先是诚，诚恳、诚实，为人表里一致，自己的一切都可以公之于世，要修炼自己的诚；第二个就是敬，敬就是敬畏，人要有畏惧，人不能无法无天，要有敬畏，表现在内就是不存邪念，表现在外就是有威仪，持身端庄严肃；第三个就是静，是指人的心、气、神、体都要处于安宁放松的状态；第四个字是谨，指的就是言语上的 谨慎，不说大话、空话、假话，实实在在，有一是一有二是二；第五个字是恒，是指生活有规律、起居有常、饮食有节。

这五个字的最高境界是"慎独"，就是人应该谨慎地对待自己，也就是指在没有任何监督的情况下，都要按照圣人的标准，按照最高准则来对待。这是修身的最高境界。

曾国藩以每天记日记来对自己一天的言行进行反思，对自己在修身方面的不足做检讨。道光二十二年（1822），他在日记里说，昨晚做了一个梦，梦到别人得到一笔好处，自己很羡慕，醒来之后对自己痛加指责，说自己好利之心严重，做梦居然梦到，这是不能容忍的。中午到朋友家吃饭，席间得知某人获得一项分外收入，心里又是羡慕。他在日记里写道，早晨批判了自己，中午又犯了，"真可谓下流"。

最可贵的是，从 31 岁修身，一直贯穿到他的后半生。在此后的 30 年中，即便身为军事统帅，在杀戮声中度过，他每天仍然"三省吾身"。可以说，修身是曾国藩事业成功最重要的原因。

◇屡败屡战　永不言败◇

当时，朝廷任命了 43 个团练大臣与太平天国部队打仗。除了曾国藩，其他人走的走、死的死，没有一个成就一番事业。反而曾国藩成功了，最重要是因为他抓住了机遇，并充分利用它，将事情做到极致。

清政府只叫大家办团练，将地方维持好，但不让地方建军队。大家都很清楚，皇帝是满族人，他最大的忌讳就是汉人有军队。但是，曾国藩还是将团练当作军队来训练。江忠源在湖北打仗的时候，军队死了很多人，希望湖南给他提供兵源，帮他在地方训练军队。曾国藩抓住了这个机会，短短几个月，就将团练从 1 000 人扩大到 1 万人，还建立了水营，加上辅助人员共 1.8 万人。

打下武汉后，曾国藩请求朝廷将攻打南京的任务交给他。从分散在各县里的乡勇，到打南京的军事任务的正式军队，湘军完成了从无到有、从小到大的过程，这就是抓住了机遇。

起初，曾国藩欲想浩浩荡荡打到南京，战无不胜。哪知道出师不利，第一仗打下来大败，在长沙他羞愧难当，要跳河自杀。后来在江西也是左右为

湘军

曾国藩将湖南各地团练整合成湘军，形成了书生加农民独特的体制，成为清政府与太平天国起义军作战的主要军事力量。

▲ 湘军

▲ 曾国藩蜡像

▲ 湖南长沙曾国藩墓

难，作战极为困难，他又面临强有力的对手石达开，石达开带领 20 多万将士与他对抗。湘军一次失败时幕僚给曾国藩起草一个报告，说湘军最近打仗屡战屡败，但是他改了一下屡败屡战，称屡败了还要屡战。

这种精神值得我们学习。干事业，古代也好，现当代也好，事业越大困难就会越多、挫折就会越多，是否能够在这样的挫折和失败中挺下来，永不言败，这是曾国藩及其湘军成功的最坚实之信念。

■历史评价 |

曾国藩是中国近代的风云人物，也是中国近代现代化建设的开拓者。他是历史上真正积极推动中国现代化的第一人。在他的指导下，建造了中国第一艘轮船，开启近代制造业的先河；建立了第一所兵工学堂，肇始中国近代高等教育；第一次翻译了西方书籍，既奠定了近代中国科技基础，也极大地开阔了中国人的眼界；他为了国家培养大批栋梁之材，还安排了第一批赴美留学生，其中民国第一任总理唐绍仪、中国"铁路之父"詹天佑、清末外交部尚书（部长）梁敦彦、清华大学第一任校长唐国安等就是其中的佼佼者。

他是修身齐家治国"千古完人"。中国自古就有立功、立德、立言"三不朽"之说，而真正能够实现者却寥若星辰，曾国藩就是其中之一。他还是升官最快、保官最稳、做官最好的楷模。"从政要学曾国藩，经商要学胡雪岩"。这是因为：第一，他升官最快，37 岁官至二品，在清朝独一人；第二，做官最好，治民有言，政声卓著；第三，保官最稳，历尽宦海风波而安然无恙。他熟读中国历史，对官场之道参深悟透，积淀了一整套官场绝学，用之于中国官场，攻无不克，战无不胜。

■大事坐标 |

1811 年　　出生。

1838 年　　殿试考中进士，一步一阶地踏上仕途。

1853 年　　在家乡湖南一带建立了地方团练湘军。

1864 年　　湘军在其弟曾国荃的率领下攻下天京，成为镇压太平天国的
　　　　　　功臣。

1870 年　　办理天津教案。

1872 年　　在南京病逝。清廷赠太傅，死后谥号"文正"。

■关系图谱 |

洋务首领

左宗棠

■名片春秋 ┃

左宗棠（1812 ～ 1885），晚清重臣，军事家、政治家、著名湘军将领，洋务派首领。左宗棠少时屡试不第，转而留意农事，遍读群书，钻研舆地、兵法，后成为清朝后期著名大臣，官至东阁大学士、军机大臣，封二等恪靖侯。他一生经历了湘军平定太平天国运动、洋务运动、镇压陕甘回变和收复新疆等重要历史事件。

■风云往事 ┃

◇少负大志　科场失意◇

　　左宗棠生性颖悟，少负大志。5 岁时，他随父到长沙读书。1827 年应长沙府试，取中第二名。他不仅攻读儒家经典，更多的则是经世致用之学，对那些涉及中国历史、地理、军事、经济、水利等内容的名著视为至宝，这些对他后来带兵打仗、施政理财起了作用。1830 年，左宗棠进入长沙城南书院读书。1832 年，他参加在省城长沙举行的乡试，因"搜遗"中第，但此后的 6 年中，3 次赴京会试，均不及第。

和为春风润作雨

心同悬镜手持衡

▲ 左宗棠书法

左宗棠因为科场失意，不能沿着"正途"进入社会上层，从而实现抱负。但左宗棠的志向和才干，得到了当时许多名流显宦的赏识和推重。最值一提的是，当时已经成名的林则徐也十分器重左宗棠，两人曾在长沙彻夜长谈，对治理国家的根本大计，特别是西北军政的见解不谋而合。林则徐认定将来"西定新疆"，舍左君莫属，特地将自己在新疆整理的宝贵资料交付给左宗棠。

◇出佐湘幕　初露峥嵘◇

1852 年，当太平天国大军围攻长沙，省城危急之际，左宗棠经不住老朋友郭嵩焘等人的劝勉，应湖南巡抚张亮基之聘出山，投入到了保卫大清江山的阵营。在炮火连天的日子里，左宗棠缒城而入，张亮基得知之后十分高兴，将所有军事悉数托付给左宗棠。左宗棠不分昼夜地调派军粮，其提出的各种建议也都被采纳，并立即实施，终于使太平军围攻长沙三月不下，撤围北去。左宗棠一生的功名也就从此开始。

1854 年 3 月，左宗棠又应湖南巡抚骆秉章之邀，第二次入佐湖南巡抚幕府，长达 6 年之久。其时，清王朝在湖南的统治已岌岌可危，太平军驰骋湘北，长沙周围城池多被占领，而湘东、湘西、湘南广大贫苦农民，连连举事。左宗棠殚精竭虑，日夜策划，辅佐骆秉章内清四境、外援五省，苦力支撑大局。同时，他开源节流，革除弊政，稳定货币，大力筹措购买军械、船只。骆秉章十分信任他，只要是他提的建议基本都会采纳。由于左宗棠的悉心辅佐和筹划，不但湖南军政形势转危为安，而且出省作战连连奏捷，其他各项工作也取得显著成效。

▲ 左宗棠画像

▲ 骆秉章

▲ 左宗棠兴办的福州船政局

弁兵（biàn）
清代低级武官及兵丁的总称。

陕甘回变
由回族发起的一场与汉族之间的仇杀，持续了十余年，波及陕西、甘肃、宁夏、青海和新疆等地区。

◇开厂造船　兴办洋务◇

左宗棠开始办洋务，是19世纪60年代中叶的事。但是，早在第一次鸦片战争期间，他就已经注意了解"夷情"了。他针对清政府在战争中的严重被动局面，积极主张中国应该制造轮船，筹建新式海防，以便"师其长以制之。"

1864年，左宗棠任闽浙总督，开始把他早年的主张付诸实施，筹备自造轮船。1866年，经清朝政府的批准，他在福州设立马尾船政局，正式建立了近代中国第一个大型的新式造船厂。左宗棠创办马尾船政局的目的非常明确。他认为中国的海防太落后，旧式的海船根本无法与西方列强的火轮船相匹敌。他不甘落后，主张学习西方，迎头赶上，彻底改变中国的海防面貌。

他针对一些人只知雇募洋船，不敢自造的错误做法，坚决主张自己动手，设局制造。为了掌握西方先进技术，培养人才，他在设立马尾船厂的同时，还延聘西洋技师，开办学堂，教习英、法两国语言文字、算法、画法和各种专门技术；凡精通业务，能够驾驶轮船的优秀学员，不论弁兵各色人等，一律录用。左宗棠还援引西洋各国与俄罗斯、美利坚"互相师法，制作日精"的先例，满怀信心地断言，以中国人的聪明才智，仿制轮船，用不了几年工夫，一定能够推陈出新，后来居上。综上所述，作为洋务派的头面人物之一，虽然左宗棠办洋务的根本目的是维护地主阶级的统治，但是，侧重点也是为了反抗外国侵略和发展民族经济，在一定程度上表现了中国人民不甘落后的民族自尊和志气，富有爱国主义，应该给予足够的肯定。

◇料事如神　平定回变◇

1862 年，由于汉回之间的民族冲突，加上官府的欺压和腐败，在陕西的回民趁太平天国和捻军进入陕西的机会揭竿而起。太平天国被消灭后，左宗棠率领湘军对陕西、山西一带用兵。左宗棠首先进攻捻军，在捻军被击破后进攻位于陕西的回军，1866 年回军退守甘肃。1871 年左宗棠进驻甘肃，当地回军领袖马占鳌投降，被左宗棠编入清军。1872 年以白彦虎为首的回军被迫退出青海，1873 年退到新疆，最后逃往俄国。陕甘回变由此告终。

左宗棠在征服陕甘后凯旋入关。当天晚上，驻军在一地方，才刚扎完营，左宗棠却忽然传下将令：立即拔营，继续前进！将士们虽然怨气冲天，却也不得不装束停当，整队紧随其后，于黑夜中迤逦而行。过了两个时辰，将士们安歇不久，忽然听到身后隐隐传来爆炸声。后队巡逻兵来到帅营禀报说："先前宿营的地方忽然被炸，已经陷成一个个巨坑。"全军将士惊骇万分，都为躲过这一劫难而庆幸不已，都感觉统帅左宗棠神机妙算，对他佩服得五体投地。众将领进帐询问左宗棠是如何预测到这场灾难的，左宗棠答道："当时刚刚驻军，我忽然想起那些头领们虽然投降了，却是迫于我们的军威，并非个个都诚心诚意地归顺，肯定有人会挟恨报复，而我们第一晚的驻军之处也早在他们的预料之中。后来，军中击打更鼓时我又凝神一听，地下似乎有回应之声，像是有地洞，于是我立即传令速速避开。现在可以证实，那里不但有地洞，而且洞中藏着不少火药硫黄。可是当时由于拿不准，又怕引起慌乱，才没有明说啊。"

▲ 左宗棠书法

左宗棠名言

穷困潦倒之时，不被人欺；
飞黄腾达之日，不被人嫉。

▲ 湖南长沙左宗棠墓

◇收复新疆　扬眉吐气◇

乾隆时代，清军平定西域大小和卓叛乱，收复全部土地，乾隆皇帝把西域命名为新疆。新疆其实一点儿都不新，它自汉代就是我国的神圣领土。同治六年（1867），匪首阿古柏在新疆自封为王，自立国号为哲德沙尔汗国，脱离清廷。俄国趁此机会攻占了伊犁，而英国也意图瓜分西北。到了慈禧专政时期，收复新疆势在必行。

在 19 世纪七八十年代左宗棠力排李鸿章等海防派重臣之议，抬棺西行，收复新疆。左宗棠是在一天夜里出京的，朝廷任命他为钦差大臣，督办新疆军务，他要去兰州做准备。收复新疆的战争没有退路。这不是一般意义上的一决胜负，而是一场维护民族尊严的战争，这是为祖国的统一和完整而战。左宗棠认为湖湘子弟冲锋陷阵，捍卫国家主权是引以为豪的事，而且实际上也是在重塑自己的民族精神。

一年后，新疆全境收复。这是晚清历史上最扬眉吐气的一件大事，是晚清夕照图中最光彩的一笔。左宗棠进入了中国历史上伟大民族英雄的序列。

光绪十一年（1885），左宗棠去世。他的死，意味着大清王朝一位重要的顶梁柱倒下了。

■历史评价Ⅰ

纵观左宗棠一生，收复了祖国六分之一的土地应当是最辉煌的作为。这是他个人的骄傲和荣耀，更是国家之福。林则徐曾评价他说："一见倾倒，诧为绝世奇才"。胡林翼也曾称赞说："左氏横览九州，才智超群，必成大器。"曾国藩则评价说："论兵战，吾不如左宗棠；为国尽忠，亦以季高为冠。国幸有左宗棠也。"

　　人无完人，左宗棠亦有过失。他在镇压太平天国运动时，在老百姓中有"左屠夫"之称。但在镇压同治西北回民起义时，可谓再世冉闵。

■大事坐标Ｉ

1812 年	出生。
1851 年	太平天国起义后，先后入湖南巡抚张亮基、骆秉章幕，为镇压太平军多所筹划。
1856 年	因接济曾国藩部军饷以夺取被太平军占领的武昌，被任命为兵部郎中。
1866 年	在福州马尾办船厂，也就是后来的福州船政局，并创办求是堂艺局。
1867 年	攻剿西捻军和西北反清回民军，镇压了陕甘回民起义。
1877 年	收复除伊犁地区外的新疆全部领土。
1885 年	病故于福州。

■关系图谱Ｉ

出将入相

李鸿章

■名片春秋 Ⅰ

李鸿章（1823 ~ 1901），安徽合肥人，世人多尊称李中堂，也称李合肥。淮军创始人和统帅、洋务运动的主要倡导者之一、晚清重臣，官至直隶总督兼北洋通商大臣，授文华殿大学士。日本首相伊藤博文视其为大清帝国中唯一有能耐和世界列强一争长短之人。他的一生伴随着清王朝从中兴走向衰落，直至灭亡。无论生前还是死后，他都是个颇有争议的人物。

■风云往事 Ⅰ

◇天资聪慧　结交恩师◇

李鸿章出生于清道光三年，自幼天资聪颖，勤奋好学。相传，一次父亲李文安出联考李鸿章，上联是："风吹马尾千条线"，小鸿章脱口而出："日照龙鳞万点金。"不但工整，而且很有气势。他7岁启蒙，八九岁就念完《四书》，教书先生很喜欢他，常在父亲面前夸他。

李鸿章21岁时在庐州府学被选为优贡。当时在京做官的父亲希望其早日任职，望子成龙，于是写函

▲ 李鸿章和孙辈们合影

催促李鸿章入京，早些准备第二年参加顺天府的乡试。鸿章谨遵父命，毅然北上，22岁时，李鸿章第一次科考落榜，在北京曾国藩宅邸受曾补习教导；1847年李鸿章考中进士，选入翰林院任庶吉士。同时，他受业曾国藩门下，讲求经世之学。三年后翰林院散馆，李鸿章获留馆任翰林院编修。

出身徽商又为苏州世家的主考官潘世恩和作为李鸿章老师的翁心存，在青年李鸿章任翰林院编修时，对其经世致用思想的形成，均有一定的启迪；而苏南豪绅，对李鸿章后来组建淮军并迅速崛起于江苏，也予以了极大的支持。然而，李鸿章最感到庆幸的是他第一次会试落榜之后，就拜于湖南大儒曾国藩门下，学习经世之学，奠定了其一生思想和事业基础。太平军起义后，曾、李先后各自回乡办理团练，曾氏又将自己编练湘军的心得谆谆信告李鸿章，足见对他的期望之殷。

◇组建淮军 镇压起义◇

1862年，李鸿章的淮军成为镇压太平天国革命运动的又一支地主武装。淮军是在曾国藩指示下由李鸿章招募淮勇编练的一支军队。因为将领及兵员主要来自安徽江淮一带，故称"淮军"。它是中国近代军队的前身，曾是晚清的主要国防力量。淮军是曾国藩湘军扩张的产物。

1861年，太平军向上海进军，上海守备清军不能抵抗，外援英军还没到，曾国藩为两江总督，湘军驻安庆，上海地方官绅派代表向他求援。曾国藩早就计划以湘军制度练两淮勇丁，于是就派李鸿章招募淮勇，于1862年3月在安庆编成一军，称"淮勇"。之后，淮军乘英国轮船闯过太平天国辖境，前往上海，与英、美各军合作对抗太平军。1864年，淮军先与英、法侵略军和常胜军（清朝对抗太平天国后期，清官、商出资与英法等外国军官，中国、南

庶吉士

官名，是明、清两朝时翰林院内的短期职位。由科举进士中有潜质者担任，目的是让他们可以先在翰林院内学习，之后再授官职。

▲ 李鸿章故居

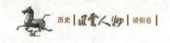
洋等地区佣兵组成的武装）联合，在上海附近对抗太平军，继而配合湘军在苏、浙等地进攻太平天国。

随着淮军的日益强盛，其统领李鸿章的政治权力越来越膨胀，淮军由地主军事武装组织逐渐演变为影响时局的政治集团，不仅担负着当时国防和军事的重任，而且影响到政治、经济、外交、文化等诸多方面。

洋务运动的倡导者有曾国藩、李鸿章、左宗棠、张之洞等，主张引进、仿造西方的武器装备和学习西方的科学技术。

◇兴办洋务　自强求富◇

从 19 世纪 60 年代起，李鸿章积极筹建新式军事工业，仿造外国船、炮，开始兴办标榜"自强"的洋务事业。1865 年分别在上海和江宁（今江苏南京）创立江南机器制造总局和金陵机器制造局。同年，李鸿章署理两江总督，调集淮军数万人对捻军作战。1866 年，继曾国藩署钦差大臣，专办镇压捻军事务。次年，授湖广总督。其后，采取"坚壁清野""就地圈围"等战略，他相继在山东、江苏和直隶（约今河北）剿灭东、西捻军。1870 年，李鸿章继曾国藩任直隶总督兼北洋通商大臣，从此控制北洋达 25 年之久，并参与掌管清政府外交、经济、军事大权，成为清末权势最为显赫的封疆大吏。

李鸿章从 19 世纪 70 年代起，进一步扩大洋务事业，因标榜"自强"进而"求富"，主要以"官督商办"的形式创办了一系列民营企业。李鸿章又着手筹办北洋海防，以外购为主，自造为辅，于光绪十四年（1888）建成北洋海军。为培养"自强""求富"所需人才，他还创办各类新式学堂，并派人赴欧美留学。这些洋务事业，对近代中国社会的发展产生了深远的影响。

▲ 上海江南制造总局大门

◇对外交涉 签订条约◇

李鸿章认为在追求自强的过程中，必须尽最大可能利用"以夷制夷"的外交手段，为中国的洋务建设赢得尽可能多的和平时间。为此，他一生以外交能手自喻，处理过许多重大的对外交涉事件。

李鸿章一生签过许多项不平等条约，最有名的当属中日《马关条约》。清政府甲午战败后，即委派李鸿章，作为全权大臣赴日本议和。虽然行前清廷已经给了李鸿章割地赔款的全部权利，但他仍与日方代表反复辩论，以期"争得一分有一分之益"。在第三次谈判后，李鸿章于回住处的路上遇刺，世界舆论哗然，日方在和谈条件上稍有收敛。1895 年 3 月 16 日，李鸿章伤稍愈，第四次谈判，日方对中国赔款 2 亿两白银 (原本是 3 亿两)，割让辽东半岛及台湾澎湖列岛等要求表示不再让步，日方和谈代表伊藤博文说，李鸿章面前"但有允与不允两句话而已"。和谈结束后，日方继续增兵再战来恫吓清政府。李鸿章等连发电报请示，光绪皇帝同意签约，命令"即遵前旨与之定约"。23 日，《马关条约》签字。

《马关条约》签订后，在全国引起强烈反响。康

▲ 伊藤博文

▲ 中日签订《马关条约》

李鸿章临终时作的诗：
劳劳车马未离鞍，临事方知一死难。
三百年来伤国步，八千里外吊民残。
秋风宝剑孤臣泪，落日旌旗大将坛；
海外尘氛犹未息，诸君莫作等闲看。

李鸿章生前官至直隶总督兼北洋通商大臣，授文华殿大学士，身后被慈禧太后称赞为"再造玄黄"之人。

有为等发动的公车上书，掀起了维新变法的高潮。李鸿章也视《马关签约》为奇耻大辱，发誓终生不再履日地，并倾向变法。《马关条约》导致国内民愤四起，却又不能指责清政府为慈禧倾尽国库一心筹备万寿庆典，所以将矛头指向了李鸿章，李鸿章就这样做了大清丧权辱国的替罪羊。甲午战争后，李鸿章被解除了位居 25 年的直隶总督兼北洋大臣职务。

后来，八国联军侵华，清政府岌岌可危，慈禧命李鸿章与侵略者和谈。在与列强谈判签署《辛丑条约》的过程中，李鸿章受到了巨大的压力和屈辱，使他本来不好的身体进一步恶化；签约后两个月，被李鸿章倚为强援的俄国提出"道胜银行协定"，并威逼李鸿章签字。李鸿章又气又恼又恨，从此呕血不起，于 1901 年 11 月 7 日去世。

■ 历史评价 ▮

李鸿章一生共签下 30 多个条约，多数为不平等条约。近来随着越来越多史料的出现，对这位清末重臣的评价也逐渐多元化。

一方面，他曾尽力维护中国的利益，洋务图强，却无法改变中国落后面貌的现实。对于不平等条约的签订，他曾据理力争，然而无奈国家羸弱，不得不接受屈辱的要求。他与曾国藩等人主导洋务运动是其进步的表现。他也在外交上维护中国，如在八国联军攻占北京后独自前往谈判，最终不割地而平息事件；在甲午战争处于不利时曾主动用最小代价来达成和解等，都是他对国家有利的一面。

另一方面，他也曾做出错误决策，后人也多对此诟病。如重视海防和过于避战而牺牲整个新疆，放弃疆防；在中日甲午战争中指挥失误而导致北洋海军主力在威海卫被全歼；中法战争胜利后反而签订了不平等条约等。虽然这些不平等条约和做法也有各种客观条件，但他仍然要为这些误国行为承担很重的责任。

另外，在早期镇压太平天国运动时，他杀人过多，这也牵涉到对湘军和淮军的整体评价。洋务运动和他的一系列措施并没有改变中国继续沦落的局面。

■大事坐标┃

1823 年	出生。
1847 年	考中进士，选入翰林院任庶吉士，受业曾国藩门下，讲求经世之学。
1858 年	入曾国藩幕府襄办营务。
1864 年	率淮军，和湘军一起，基本剿灭太平天国。
1865 年	在上海设立江南机器制造总局，这是洋务派开设的规模最大的近代军事企业。
1870 年	被任命为直隶总督，兼任北洋通商事务大臣。
1878 年	成立开平矿务局，是中国最大的近代化煤矿。
1888 年	北洋海军正式成军，这是中国第一支近代化海军部队。
1895 年	在日本马关签订了《马关条约》。
1901 年	7 月，与奕劻代表清廷签署了《辛丑条约》；9 月呕血不起，11 月与世长辞。

■关系图谱┃

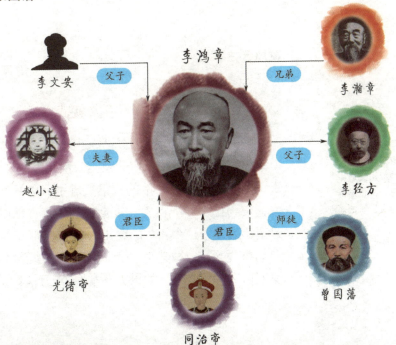

乱世奸雄

袁世凯

■名片春秋 |

袁世凯（1859 ~ 1916），字慰亭（又作慰廷），号容庵，河南项城人，中国近代史上最具争议的人物之一。争议的是戊戌告密事件，与日签署"二十一条"，洪宪帝制等，被人称为"卖国贼"。他曾是北洋军阀首领，在辛亥革命后当选为中华民国第一任大总统，后悍然称帝，引起全国激愤。袁世凯去世后，北洋军阀没有了首领，从此中国陷入了数十年民不聊生的军阀混战状态。

■风云往事 |

◇官宦家族 弃文就武◇

1859 年 9 月 16 日，袁世凯生于河南项城王明口镇袁寨村一个世代官宦的家族。祖辈为地方名流。袁世凯出生的那天，他的叔祖父袁甲三恰好寄书到家，言与捻军作战得胜。袁世凯的父亲袁保中大喜过望，因此为这个新生的婴儿取名为"凯"。袁世凯自幼喜爱兵法，立志学"万人敌"。他曾说过："三军不可夺帅，我手上如果能够掌握 10 万精兵，便可

袁世凯的父祖辈多为地方名流。袁家在清道光年间开始兴盛，袁世凯的叔祖父袁甲三曾署理漕运总督，也是淮军重要将领，对袁世凯的思想有深刻影响。

横行天下。"他经常不惜花费巨资搜罗购买各种版本的兵书,被人讥笑为"袁书呆"。13岁时袁世凯曾制联"大野龙方蛰,中原鹿正肥。"寥寥十字,与楚霸王的"彼可取而代之"豪气无二。

袁世凯两次乡试都未考中,遂决计弃文就武,投奔淮系李鸿章。袁世凯在北京读书时,李鸿章正在直隶总督任上。对李鸿章的显赫地位,他自是不胜钦羡。当时,李鸿章的幕府中大都是举人或进士出身,而袁世凯仅是一个无名的友贡。因此,他没有直接投奔李鸿章,而是在1881年5月前往山东登州,投靠淮军统领吴长庆。

▲ 袁世凯像

◇总督朝鲜 创立新军◇

1882年朝鲜发生军乱,朝鲜政府请求清廷出兵平乱,袁世凯跟随吴长庆的部队东渡朝鲜。袁世凯率领一支清军配合行动,杀死了几十名军乱参与者。兵变很快平定,袁世凯则以帮办朝鲜军务身份进驻藩属国朝鲜。1884年金玉均等"开化党"人士发动甲申政变,袁世凯平定了这起政变,打退了日本的渗透势力,粉碎了日本趁中法战争谋取朝鲜的企图,推迟了中日战争爆发的时间。袁世凯也因这一事件受到李鸿章等人的重视,被封为"驻扎朝鲜总理交涉通商事宜大臣",位同三品道员,左右朝鲜政局,成为朝鲜的"太上皇"。

朝鲜爆发东学党起义后,袁世凯回国,李鸿章等保荐袁世凯督练新军。1895年,袁世凯开始在天津与塘沽之间的小站练兵,军务处大臣荣禄、李鸿章等奏派袁世凯扩练定武军,更名为"新建陆军"。

新建陆军用新式武器装备,各级军官大多数由军事学堂毕业的人充任,还设有步兵学堂、炮兵学堂、工程兵学堂等,推行新的军事教育。

▲ 袁世凯钱币

袁世凯隐居时作的诗：
百年心事总悠悠，壮志当时苦未酬。
野老胸中负兵甲，钓翁眼底小王侯。
思量天下无磐石，叹息神州变缺瓯。
散发天涯从此去，烟蓑雨笠一渔舟。

这股军队后来发展成为北洋六镇（北洋新军），为清末陆军主力，民国初年的北洋系军阀多源自清末新军。

小站练兵是中国新式军队发展的转折点，也奠定了袁世凯一生事业的基础。在此之后，他声誉鹊起，扶摇直上。

◇出卖变法　镇压义和◇

1898 年 6 月，袁世凯升任工部右侍郎。1898 年戊戌政变前，帝党人物寄望于袁世凯的新军，谭嗣同即曾面劝袁世凯出兵围攻慈禧太后所居之颐和园。袁世凯出卖帝党人物，并未派兵围攻慈禧太后，导致戊戌变法失败，也使光绪帝失去政权并遭到软禁。

就袁世凯当时的决定，对戊戌维新的成败是否具有决定性的影响，至今仍有争议。虽然袁世凯的决定并不是导致戊戌政变的根本原因，但是，戊戌变法却被镇压。政变起初，慈禧太后在上谕中只是斥责康有为"莠言乱政"，停职待参，并未申斥谭嗣同等人，而谭嗣同劝袁世凯出兵围园诛后，则属情节严重的谋逆大罪。相传袁世凯听人说康有为已被革职待参，惧怕谭嗣同劝其出兵围攻慈禧太后一事暴露，牵连自己，遂向荣禄告密，西太后闻之大怒，下令逮捕康、梁诸人，并诛杀了六君子。

1899 年冬，袁世凯署理山东巡抚，率领新军前往济南，这是袁世凯首次出任地方大员。袁到任后，一改之前的方针，驱赶拳民，令其在山东无法立足，拳民纷纷逃往北京、天津一带。第二年爆发了八国联军战祸，山东在袁世凯治下则维持稳定，并且加入东南互保，使山东免遭战祸之乱。1901 年 11 月，继李鸿章署理直隶总督兼北洋大臣后，袁世凯一跃成为中外所瞩目的实力人物。

◇逼帝逊位　继任总统◇

1911年10月10日武昌起义，辛亥革命爆发，南方各省纷纷宣布独立。北洋新军成为清室唯一抵抗革命的力量，于是再度起用已经失势数年的袁世凯，任其为内阁总理大臣。袁世凯一面以武力压迫南方革命，一面与革命党人谈判。革命党人也认为袁世凯能领导中国。12月29日，南方17省选出孙中山担任中华民国第一任临时大总统。1912年1月1日在南京宣布中华民国成立，孙中山就任临时大总统。当时革命党节节败退，袁世凯的北洋军攻下武汉三镇中的两镇。1月16日，袁世凯回家路上，在东华门丁字街，遭到同盟会京津分会组织的暗杀，炸死袁卫队长等10人，袁世凯幸免于难。为了早日结束南北对立，1月25日，袁世凯及各北洋将领通电支持共和。2月12日，袁世凯逼清帝退位，隆裕太后接受优待条件，清朝对中国的统治终止。

2月15日，南京参议院选举袁世凯为中华民国临时大总统。依据《中华民国临时约法》，改总统制为内阁制，大大削减袁世凯的权力，但袁坚持于3月10日在北京就职。

◇卖国条约　称帝复辟◇

1915年1月18日，日本驻华公使日置益晋见袁世凯，递交了"二十一条"要求的文件，要求袁政府"绝对保密，尽速答复"。"二十一条"共分五大项：第一，承认日本继承德国在山东的一切权益。第二，承认日本人有在南满和内蒙古东部居住、往来、经营工商业及开矿等项特权。旅顺、大连的租借期限并南满、安奉两铁路管理期限，均延展至99年。第三，汉冶萍公司改为中日合办。第四，所有中国沿海港湾、岛屿概不租借或让给他国。第五，中国政府聘用日本人为

▲ 袁世凯称帝时天坛祭天

二十一条

也称《民四条约》，是日本提出的企图把中国的领土、政治、军事及财政等都置于日本的控制之下的二十一条无理要求。

政治、军事、财政等顾问，等等。

"二十一条"要求严重损害了中国的主权，袁世凯不敢表示接受。消息一经传开，反日舆论沸腾。欧美列强也表示日本损害了他们在华的侵略权益，而纷纷抨击日本这一行为。袁世凯以中国无力抵御外侮为理由，签订了所谓"中日条约"和"换文"。"二十一条"是日本帝国主义以吞并中国为目的而强加于中国的单方面"条约"，袁政府事后也不得不声明此项条约是由于日本最后通牒而被迫同意的。此后历届中国政府均未承认其为有效条约。

1915 年 12 月，袁世凯恢复了君主制，建立洪宪帝国，行君主立宪政体，把总统府改为新华宫。孙中山、梁启超等人坚决反对帝制，北洋将领段祺瑞、冯国璋等也深为不满。帝国主义列强怕袁世凯称帝后中国会走向强大，也不断对他提出警告。12 月 25 日，蔡锷、唐继尧等在云南宣布起义，发动护国战争，讨伐袁世凯。贵州、广西相继响应，3 月份袁世凯被迫宣布退位，恢复"中华民国"年号，为压制南方起义力量，他任用段祺瑞为国务卿兼陆军总长，企图依靠其团结北洋势力，但起义各省没有停止军事行动。1916 年 5 月下旬袁世凯忧愤成疾，6 月 6 日，因病不治而亡。

▲ 河南安阳袁世凯墓

有学者指出："我们否定袁世凯，不仅是因为他做了皇帝，更重要的是他为了做皇帝而不择手段。"

■历史评价 I

袁世凯被后人指责最多的也是他称帝的问题。所谓洪宪宪法不过是欺瞒国人的把戏而已！袁世凯的倒行逆施，造成民怨沸腾、民生凋敝。短命的洪宪王朝在各种势力的打击下仅闹了 83 天就消失了。历史无情地嘲弄了袁世凯：他本来要追求世袭的绝对独裁权力，结果却使他的一切既得权力都丧失殆尽。

袁世凯是北洋军阀首领，在辛亥革命后当选为中华民国第一任大总统。他在位期间积极发展实业，统一币制，捍卫国土，维护了中国对蒙古和西藏的主权。他还建立了中国第一支近代化新式陆军，创立了近代司法和教育制度，修改《中华民国临时约法》，颁布《中华民国约法》并修改《大总统选举法》等。由此可见，袁世凯并不是毫无历史贡献的。袁世凯去世后，北洋军阀没有了首领。此后，中国陷入了数十年民不聊生的军阀混战状态。

■大事坐标 |

1859 年	出生。
1876 年	两次乡试都未考中，遂决计弃文就武。
1881 年	到山东登州，投靠吴长庆军队。
1884 年	参与平定了朝鲜的甲申政变。
1895 年	开始在天津与塘沽之间的小站练兵。
1898 年	戊戌变法失败。
1901 年	继李鸿章署理直隶总督兼北洋大臣。
1912 年	2 月 12 日，逼清帝逊位，继任中华民国临时大总统。
1915 年	签订"二十一条"，12 月，称帝。
1916 年	3 月废除帝制，6 月 6 日在郁愤中因病而死。

■关系图谱 |

第三编

文化艺术篇

　　在清朝的文化艺术史上，人才济济、名人辈出。"中国思想启蒙之父"黄宗羲，是明末清初经学家、思想家、史学家、地理学家、天文历算学家、教育家。他学识渊博、思想深邃、著作宏富，与顾炎武、王夫之并称"明末清初三大思想家"。

　　清朝的小说成就非常巨大。"聊斋先生"蒲松龄"写鬼写妖高人一等，刺贪刺虐入骨三分"。《聊斋志异》情节幻异曲折，跌宕多变，文笔简练，被誉为我国古代文言短篇小说中成就最高的作品集。曹雪芹批阅十载，增删五次，铸就了中国小说史上不可逾越的巅峰之作《红楼梦》，它的光辉足以照耀古今。从古至今，没有一部文学作品如《红楼梦》一般在社会上引起如此大的反响，不论是文人学者还是市井百姓都对它津津乐道。

　　清朝的诗词代表人物是纳兰性德。他以词闻名，现存349首，哀感顽艳，有南唐后主遗风，悼亡词情真意切，痛彻肺腑，令人不忍卒读。纳兰性德的诗词不但在清代词坛享有很高的声誉，在整个中国文学史上，"纳兰词"也占有一席之地。"剑气箫心"龚自珍是清代思想家、文学家及改良主义的先驱者。他主张革除弊政，抵制外国侵略，曾全力支持林则徐禁除鸦片。他的诗文主张变革图新，揭露清统治者的腐朽，洋溢着爱国热情，被柳亚子誉为"三百年来第一流"。著名诗作《己亥杂诗》共350首。

　　清朝著名书画家、文学家郑板桥，以怪出名，是"扬州八怪"之一。历任山东潍县、范县知县，有惠政，深得民心。他的诗书画皆旷世独立，推陈出新，人称"三绝"。代表作有《板桥全集》。

　　清朝晚期还涌现出一批留洋归来的学者。"文坛怪杰"辜鸿铭，学贯中西，是晚清精通西洋科学、语言兼及东方华学的第一人。他翻译了《论语》《大学》《中庸》，创获甚巨；并著有《中国的牛津运动》和《中国人的精神》等英文书，热衷向西方人宣传东方的文化和精神，在西方形成了"到中国可以不看紫禁城，不可不看辜鸿铭"的说法。

启蒙之父

黄宗羲

■名片春秋 ┃

黄宗羲（1610～1695），字太冲，一字德冰，号南雷，别号梨洲老人、梨洲山人、蓝水渔人、古藏室史臣等，学者称其为梨洲先生。东林党后七君子黄尊素长子。浙江余姚人，明末清初经学家、思想家、史学家、地理学家、天文历算学家、教育家。黄宗羲学识渊博，思想深邃，著作宏富，与顾炎武、王夫之并称"明末清初三大思想家"，也有"中国思想启蒙之父"之誉。

■风云往事 ┃

◇为父鸣冤　义无反顾◇

明万历三十八年（1610年）八月初八（9月24日），黄宗羲出生于绍兴府余姚县通德乡黄竹浦（现名浦口村，属浙江余姚市明伟乡）。降生前夕，母亲姚氏曾梦见麒麟，所以，宗羲乳名"麟儿"。

明末天启年间，太监魏忠贤独揽朝政，排斥异己，一批正直朝官被捕被杀，接连酿成震惊中外的"六君子"惨案。黄宗羲父亲黄尊素就是被冤杀的"六君子"

明末东林党后七君子

高攀龙、周起元、黄尊素、缪昌期、周顺昌、周宗建、李应升，皆因与魏忠贤的斗争惨遭杀害。

117

▲ 黄宗羲塑像

黄宗羲曾自云一生有三变："初锢之为党人，继指之为游侠，终厕之于儒林。"这正是黄宗羲一生的写照。

之一。黄宗羲见父亲被害，为国忧家仇而发愤读书。明以前的史书以及诸子百家俱已了然胸中。19岁那年，闻言崇祯帝即位，便草拟了讼冤的奏疏，辞别故里，只身赴京申雪冤屈。

此时，朝廷为平民愤已将魏阉一党伏法。黄宗羲上疏朝廷，请求追究魏党余逆。于是朝廷下旨刑部，究治许显纯、李实一伙。这天，刑部大堂大开正门，审讯许显纯、李实，旁听百姓成千成万，黄宗羲也在其中，可是，因许显纯是孝宗皇后的外甥，刑部问案软弱无力。许显纯在铁证面前仍是百般狡赖。黄宗羲见此忍无可忍，大吼一声："逆党！你害死我父，铁证如山，还敢狡辩！"从袖中抽出铁锥，猛刺许显纯道："我看你从实招与不招！"锥锋至处血流遍地，吓得许显纯跪地叩头："愿招！愿招！"可是，许显纯写了招状后，仍有恃无恐，他对刑部道："下官虽属逆党，诬害同僚，罪有应得。但下官乃是孝宗皇后外甥，系皇亲国戚，朝廷曾有明律，自应得到免罪。"刑部大员只是支支吾吾说不出话来。

黄宗羲见状，便向刑部申诉道："许显纯与魏逆勾结，连成死党，满朝忠良尽死其手，实为恶贯满盈。天网恢恢，自应与魏党同处论斩。历朝早有明训：法不阿贵，何况外戚。大人自宜为国除奸。倘若放虎遗患，百姓怎能答应，后果哪堪设想！"刑部见黄宗羲说得句句是理，又见众学子、百姓怒目如火，便也壮了胆量，判决许显纯、李实同处斩刑。

◇明亡抗清　兵败隐居◇

黄宗羲毅然回乡之后，攻读史经，练习武功，十分关心国情。可是从京城不断传来坏消息。原来，魏党头目阮大铖以贿赂朝廷升官，在南京弄权作威。此时，清兵陈于关外，内忧外患，朝政日非。黄宗羲联合南京士子 140 人，组织"复社"，起草《南部防乱揭》，笔伐阮大铖，掀起轩然大波。阮大铖恼羞成怒，下令捕拿，黄宗羲等人都被投进囚笼。而这时，明朝已日薄西山，最终被李自成灭亡。卖国贼吴三桂引兵入关，一时风声鹤唳。正欲加害黄宗羲等人的阮大铖，趁乱逃之夭夭，黄宗羲也在乱中脱身，返回浙东，回归故里。

黄宗羲一回到余姚，就闻清兵已侵占北京，挥师南下，即将祸及浙东。眼看山河破碎，黄宗羲忧心如焚。想起父亲被害，自己被囚，恨满胸中。但他思虑再三，终以国事为重，义无反顾地变卖家产，欲起义军抗清。旁人劝他："如此腐败的明王朝，已被它害得够苦，何必再去保它。"黄宗羲答道："个人恩怨事小，社稷存亡事大。国家兴亡，匹夫有责，怎可不保！"他亲自在绍兴、余姚一带招募了 500 多名义士，树起"世忠营"旗帜，为保卫正在绍兴监国的朱明后裔鲁王，与官兵一起联合防守钱塘江。他向鲁王多方献策，作"监国鲁元年大统历"颁布浙东。后来，终因寡不敌众，清兵势大。黄宗羲见大势已去，被迫移驻四明山，结寨为营，驻兵杖锡寺，作长期抗清打算。

▲ 黄宗羲像

◇博学多才　启蒙思想◇

黄宗羲的启蒙思想没有受到外来思想的影响，空前绝后，被称为"中国思想启蒙之父"。在《明夷待访录》中，黄宗羲有力地鞭挞了束缚思想、窒息人才的科举制度。他认为为这种制度服务的所谓学校纯属是"富贵熏心"的势利场。他鄙视那些以皇帝之是为是，朝廷之非为非的读书人，对有真才实学却被湮没于"草野之间"的人们则深表同情。

有学者认为黄宗羲的思想仍属治权在君，并没有达到近代民主思想的标准，也有学者认为黄宗羲的思想是近代民主思想，在民权理论上还超越了欧洲的卢梭。

▲ 黄宗羲《明夷待访录》封面

▲ 黄宗羲《书札》拓本

君主专制之害，在当时怎样才能加以改变呢？黄宗羲认为应限制君权，保障人民的基本权利要制定"天下之法"废除"一家之法"。他为了求得人权平等，主张废除秦汉以来的"非法之法"；要求天下太平，废除专制的君主制度，改为民主制度。在《原君》中他理直气壮地呼吁,现今应当是"天下（人民）为主，君为客"。

在《明夷待访录》中，黄宗羲还提出了"工商皆本"等经济思想。在经济学说上，他也反映市民的要求，主张废止金银货币，使用"宝钞"，以金银作为宝钞的基金。他的这种经济思想有利于商品流通，有利于工商业的发展，并启发了近代的经济政策。

黄宗羲 60 岁以后，从事于学术史和史学的研究，66 岁时完成了中国第一部学术史——《明儒学案》。这部著作对明朝三百年间各个学派学术思想的发展经过，每个学派的时代背景、代表人物、学说宗旨及其前后变化等，做了介绍和评论。《明儒学案》在刊印之前，就引起许多学者的重视，彼此传抄。康熙三十一年（1682）刻印问世后,清代学者推崇备至。《四库全书》也收录了此书，它是我国第一部内容比较系统、完整的学术思想史专著。

◇入清拒仕　著述以终◇

清代康熙皇帝闻黄宗羲如雷贯耳，接连两次召他去京担任博学鸿儒的官职，都被黄宗羲回绝了。但黄宗羲为了表示自己的决绝，就在父亲的墓边，营建了自己的墓穴，在里面放了一张石床，决心以死抗旨。

几年以后，康熙皇帝因为要纂修明史，又想起了黄宗羲，认为他是最合适的人选。于是又下了一道圣旨，要黄宗羲进京主持史局。钦差到了余姚，消息传到化安山。黄宗羲闻报，即写下了一份遗嘱，吩咐儿子黄百家道："钦差来时，将此呈上。说是黄宗羲死了，已留遗嘱在此。"随即手撑雨伞，脚踏麻鞋，意思是头不顶清朝的天，脚不蹭清朝的地，走进墓穴，躺到石床上。

第二天，钦差大臣来到安山，为迎接黄宗羲，鸣锣开道。见黄百家披麻戴孝出来迎接，对钦差道："家父前日辞世，现有遗嘱在此"。钦差接过一看，见上面写道："明史未修，夙愿未遂。日后朝廷开设史局，门下万季野和小儿百家可当此任。"钦差虽知其中有异，却很高兴仍有万季野、黄百家可替代，同样可以回复圣旨。于是便带着二人回京去了。

黄宗羲待钦差走后，便从墓穴中出来，专心著书立说，一直活到85岁。

▲ 黄宗羲墓

■历史评价 ┃

黄宗羲一生从事学术研究，取得了很大的成就。其著作共60余种，1300余卷，内容涉及政治、史学、哲学、数学、经学、地理、天文、历法、音乐、诗文等。

黄宗羲是一位爱国者，具有崇高的民族气节。作为启蒙思想家，他是勇敢的壮士，敢于抨击腐朽的封建君主专制制度。作为伟大的学者和思想家，他为中华民族学术文化的发展做出了突出的贡献。他的著作是中华民族优秀文化遗产的宝贵财富。

马叙伦称道黄宗羲是秦以后两千年间"人格完全，可称无憾者"的少数先觉之一。

121

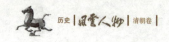
■大事坐标 l

1610 年	出生。
1628 年	魏忠贤、崔呈秀等已除，上书请诛阉党余孽许显纯、崔应元等。
1642 年	北京科举落第，回到余姚家中。
1663 ~ 1679 年	在慈溪、绍兴、宁波、海宁等地设馆讲学，撰成《明夷待访录》《明儒学案》等。
1678 年	康熙帝诏征"博学鸿儒"，学生代为力辞。
1680 年	康熙帝下诏令其赴京修《明史》，以年老多病坚辞。
1695 年	久病不起，与世长辞。

■关系图谱 l

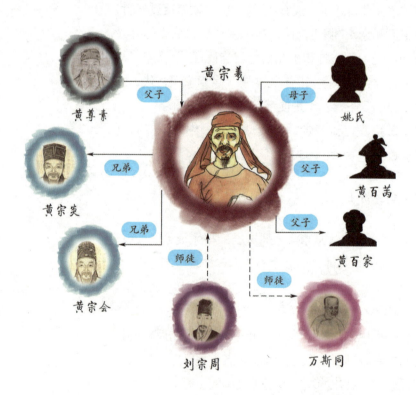

聊斋先生

蒲松龄

■名片春秋 |

蒲松龄（1640 ～ 1715），字留仙，一字剑臣，号柳泉，世称聊斋先生，淄川城外蒲家庄（今山东淄博淄川区洪山镇蒲家庄）人。19 岁应童子试，接连考取县、府、道三个第一，名震一时，以后屡试不第，直至 71 岁时才成岁贡生。为生活所迫，他在本县西铺村毕际友家做塾师近 42 年，直至 61 岁时方撤帐归家。著有文言短篇小说集《聊斋志异》。

■风云往事 |

◇早年成名　生活清苦◇

　　蒲松龄出身于逐渐败落的中小地主兼商人家庭。蒲松龄早年就有文名，为村里人所称赞。蒲松龄年轻的时候，因为他的父亲弃儒经商，家境殷实。在父亲的保护下，年轻的蒲松龄可以安心读书，跟朋友们搞诗社。但是好日子没过多久，因为家庭矛盾，他分家了。蒲松龄的两个哥哥都是秀才，但是都娶了教养不好的妻子。蒲松龄的父亲只好给儿子们分家，分家又分得很不公平。因为这两个嫂嫂又能打

蒲松龄座右铭

· 有志者，事竟成，破釜沉舟，百二秦关终属楚。
· 苦心人，天不负，卧薪尝胆，三千越甲可吞吴。

123

▲ 蒲松龄故居

▲ 蒲松龄画像

又能叫又能抢，蒲松龄的妻子并没有参与到纷争之中，而是在一边默默看着。分家的结果是蒲松龄分到三间农场老屋，破得连门都没有。这样一来，蒲松龄就要自谋生路了，他只能靠着自己的知识去当教书先生，这一做就是45年。

私塾教师就是乡村小学教师，当时是到私人家里教书，地位和给予的报酬都非常低。他有一首诗，叫《日中饭》，写到快收麦子的时候，家里没有粮食，只好煮了一锅稀饭，那时候他有三个儿子和一个女儿，大儿子一看煮好了稀饭，把勺子抢到手里面，到锅底下找最稠的往自己的碗里边放，二儿子不干了，上去跟哥哥抢。蒲松龄的女儿就很可怜地、远远地站在那里看着自己的父亲。蒲松龄既心疼又无奈，只怪自己没有本事。

◇科场偃蹇　屡考不第◇

蒲松龄于康熙十八年（1679）到西铺村毕际友家做塾师，由于毕家的优越条件和厚待，蒲松龄能在教书并处理杂事之余，得以安心预习举业，以图博得名第。命运不济的蒲松龄却一直没有达到自己的愿望。他参加乡试的确切次数与不中的原因难以说清，仅记载的两次来看，都是因为犯规而被黜。

第一次在康熙二十六年（1687）秋，因在考场交书卷时，误隔一幅，不相接连而被黜。第二次在康熙二十九年秋，因故没能获终试而被黜。两次的失败，对他打击很大。尽管其不死心，然而妻子却出面干预了。他也认为妻子说的对，可每见儿孙赴试，自己便心生欲念，往往情见乎词，刘氏对此置之不理。

屡试不第，也是他一生最大的遗憾。其诗词及《聊斋志异》的《叶生》《王子安》《贾奉雉》等诸多篇章中对此都有深刻的感受与逼真的描写。

◇聊斋巨著　入骨三分◇

蒲松龄一生热衷科举，却始终不得志，72岁时才补了一个岁贡生，因此对科举制度的不合理深有感触。蒲松龄的科举梦想破灭了，而其著述之心却始终未泯。他从年轻时即着手创作《聊斋志异》，一直断断续续未能结集。来到毕家后条件好了，有石隐园的美景，有万卷楼的藏书，再加馆东的支持，他决心完成这部巨著。从此他开始利用业余的时间投入到搜集素材与构思创作中。

蒲松龄是山东淄川人，淄川离齐国故都临淄数十里，有很多优美的民间传说。蒲松龄5岁的时候，改朝换代。清军入关，在扬州屠城，在山东镇压农民起义，也产生了很多稀奇事，这些都影响到《聊斋志异》的创作。蒲松龄大概在做私塾教师时就开始写《聊斋志异》。他的好朋友张笃庆发现蒲松龄因为写《聊斋志异》影响到考举人，就写了一首诗劝他："聊斋且莫竞谈空"，大意是说别写小说了，专心去考试吧。但是蒲松龄不听，还是写，只要有奇怪之事他必去了解，写入《聊斋志异》中。

客邸晨炊

蒲松龄
大明湖上就烟霞，
茆屋三椽赁作家。
粟米汲水炊白粥，
园蔬登俎带黄花。

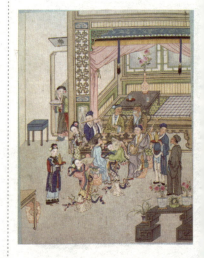

▲ 清人绘《聊斋志异图册》

《聊斋志异》的创作，前后历40余年之久，贯穿了蒲松龄的大半生。《聊斋志异》属志怪传奇类小说，凡490余篇，绝大多数是狐鬼花妖精魅的故事，以及一些奇闻轶事。

▲ 蒲松龄石像

◇同情百姓　怒骂贪官◇

一日，蒲松龄乘渡船外出，同船的除了船夫之外，还有四位乘客：衣冠楚楚的朝廷官员、正当妙龄的卖花女、身背锯斧的木匠和衣衫褴褛的拾粪老农。船到河心，官员自恃满腹才学，便对大家说："恕我冒昧地请诸位各依本人身份，用三字同头、三字同旁，对一首七绝，首尾相融贯连。"说着，他先开了腔："三字同头官宦家，三字同旁绫缎纱。若非朝廷官宦家，谁人能穿绫缎纱？"木匠师傅手扶斧箱，略加思索吟道："三字同头庙廊库，三字同旁檩椽柱。如若要建庙廊库，怎能离了檩椽柱？"卖花女一亮双眸，快言快语："三字同头芙蓉花，三字同旁姑娘娃。若非妙龄姑娘娃，哪个敢戴芙蓉花？"船夫手不停篙，笑着吟出一诗："三字同头大丈夫，三字同旁江海湖。不是男子大丈夫，何人能识江海湖？"对于官场黑暗愤恨的蒲松龄，同情百姓疾苦，随口吟道："三字同头哭骂咒，三字同旁狼狐狗。山野声声哭骂咒，只因世道狼狐狗！"轮到拾粪老农了，只见他不慌不忙，从容吟道："三字同旁稻秫稷，三字同头屎尿屁。牲畜吃了稻秫稷，当路排出屎尿屁。"

官员本想炫耀一番自己的官职与文才，不料今日遇到的几位看似卑微，却均非等闲之辈，于是灰溜溜的不再言语了。

蒲松龄就这样与贫困斗争了一辈子，在科考的路上落魄了一辈子，在小说创作上奋斗了一辈子。康熙五十四年正月二十二酉时，这位大作家坐在他清冷的聊斋窗前永远地离开了人世。蒲松龄穷秀才出将入相的梦想终于成为泡影，而以中国优秀的文化哺育起来且创作的杰出之作《聊斋志异》却光芒四射。

■历史评价｜

蒲松龄虽仕途不顺，但是《聊斋志异》却奠定了他在文学史上的地位。此书共 8 卷、491 篇、40 余万字。内容丰富多彩，故事多采自民间传说和野史轶闻，将花妖狐魅和幽冥世界的事物人格化、社会化，充分表达了作者的爱憎感情和美好理想。作品继承和发展了我国文学中志怪传奇文学的优秀传统和表现手法，情节幻异曲折、跌宕多变、叙次井然，文笔简练，是我国古代文言短篇小说中成就最高的作品集。鲁迅先生在《中国小说史略》中说此书是"专集之最有名者"；郭沫若先生为蒲氏故居题联，赞蒲氏著作"写鬼写妖高人一筹，刺贪刺虐入骨三分"；老舍也评价过蒲氏"鬼狐有性格，笑骂成文章"。可见，蒲松龄对后世文人的影响之深。

▲ 蒲松龄墓地

《聊斋志异》书成后，蒲松龄因家贫无力印行，同乡好友王士祯十分推重蒲松龄，视其为奇才，为《聊斋志异》题诗："姑妄言之姑听之，豆棚瓜架雨如丝。料应厌作人间语，爱听秋坟鬼唱诗。"

■大事坐标｜

1640 年	出生。
1658 年	初应童子试，以县、府、道三第一进学，受知山东学政施闰章。
1660 年	应乡试未中。
1679 年	开始在本县西蒲村毕际有家坐馆。作成之狐鬼小说初步结集，定名《聊斋志异》。
1690 年	秋应乡试，再次犯规被黜。
1715 年	病逝。

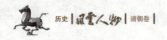

■关系图谱 |

红楼巨著

曹雪芹

■名片春秋丨

曹雪芹（约 1715 ~ 约 1763），名霑（音 zhān），字梦阮，号雪芹，又号芹溪、芹圃，清代著名小说家。他爱好很广泛：金石、诗书、绘画、园林、中医、织补、工艺、饮食等均有涉猎。他出身于一个"百年望族"的大官僚地主家庭，后因家庭的衰败而饱尝辛酸。在人生的最后阶段，他以坚韧不拔的毅力，历经十年创作了《红楼梦》，并专心致志地进行修订，死后遗留《红楼梦》前 80 回书稿。

■风云往事丨

◇百年望族　日渐衰微◇

　　曹雪芹家族世代为官，曹雪芹的曾祖父曹玺曾任江宁织造，曾祖母孙氏做过康熙帝玄烨的保姆；祖父曹寅做过康熙帝的伴读和御前侍卫，后任江宁织造，兼任两淮巡盐监察御使，极受康熙帝宠信。他们祖孙三代先后担任官职共达 60 年之久。曹雪芹自幼就是在这"秦淮风月"之地的繁华生活中长大的。

　　雍正初年，由于政治的变动和朝廷的内斗，曹

▲ 北京黄叶村曹雪芹故居

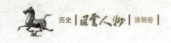

曹雪芹的爷爷曹寅是一位作家，著有《楝亭诗钞》五卷、《词钞》一卷，并主持编辑了《全唐诗》。

▲ 曹雪芹《红楼梦》

家遭受一系列打击。这时，曹雪芹随着全家迁回北京居住。曹家从此一蹶不振，日渐衰微。遭此家族变故，曹雪芹深感世态炎凉，对封建社会有了更清醒、更深刻的认识。从此之后，他远离官场，过上了平常人的生活。

◇ 多才多艺 著书明志 ◇

曹雪芹性格傲岸，豪放不羁，愤世嫉俗，嗜酒，才气纵横，善谈吐。曹雪芹不但写书，而且是一位诗人。他的诗立意新奇，风格近于唐代诗人李贺。友人敦诚称赞其诗说："爱君诗笔有奇气，直追昌谷破篱樊。"又说："知君诗胆昔如铁，堪与刀颖交寒光。"但他的诗仅存题敦诚《琵琶行传奇》两句："白傅诗灵应喜甚，定教蛮素鬼排场。"

曹雪芹又是一位画家，喜绘突兀奇峭的石头。敦敏《题芹圃画石》说："傲骨如君世已奇，嶙峋更见此支离。醉余奋扫如椽笔，写出胸中魂磊时。"可见他画石头时寄托了胸中郁积着的不平之气。曹雪芹最大的贡献还在于小说的创作。他的小说《红楼梦》内容丰富，思想深刻，艺术精湛，把中国古典小说创作推向最高峰，在文学发展史上占有十分重要的地位。后来还专门成立了一门新的学说派别——红学。

《红楼梦》是他"披阅十载，增删五次"，"字字看来皆是血，十年辛苦不寻常"的产物。可惜，在他生前，全书没有完稿（近年来也有人认为已经写完，但80回后的内容散佚了）。今传《红楼梦》120回本，其中前80回的绝大部分出于他的手笔，后40回为后人补笔。

《红楼梦》一书所反映的是清代康熙、雍正、乾隆时代的社会生活画面，正是历史上的所谓"康乾盛世"，其实在清王朝鼎盛的背后存在着种种的矛盾，也隐藏着重重的危机。当时政治腐朽，封建剥削加重。各族人民的反抗斗争日益激烈，统治阶级内部的矛盾也日见凸显。

康熙末年，皇子们分朋树党，争权谋位。最后四皇子胤禛夺得了帝位，这就是雍正皇帝。雍正帝即位后，立即开展了一场穷治政敌的凶残斗争，他残酷地迫害与己争夺皇位的诸兄弟和异己的政治势力。曹雪芹的嗣父曹𫖯亦是其中一员。这也更加深了曹雪芹写书反抗的决心。

曹雪芹的《红楼梦》是以自己和亲戚家族的败落为创作素材的，因此带有一定的回忆性质；但他创作的《红楼梦》是小说而不是自传，把它当成曹雪芹自传是荒谬的。

◇曹氏风筝　流传至今◇

曹雪芹是一位学识渊博、多才多艺的文人，不仅精于小说、诗词，而且擅长绘画、工艺美术，特别是对风筝的扎糊、绘制和起放有着独到的研究和成功的实践，对于后代风筝形式的发展做出了突出贡献。

曹雪芹从幼年开始就喜欢做风筝、放风筝，他小时候生活在南方，后来又到了北京，对南北两地的风筝他都比较了解。约在乾隆十九年（1754），曹雪芹已从北京城里移居西郊香山，以卖画维持生计，十分窘迫，但还不时扎糊一些风筝，所扎风筝不仅有燕、蝶、螃蟹之类的，还有人物的，绘法奇绝，五光十色，其中宓妃和双童尤为精美。一天，有位患足疾的朋友于叔度来访，言及家中啼饥号寒的境况，又偶尔说到京中某邸公子购风筝，一掷数十金。雪芹想到家中还有些竹、纸，于是就扎了几只风筝送给老于，让他去卖。老于居然得到重酬，从而解了燃眉之急。后来雪芹经常到老于那里，帮他扎糊风筝，还为他设计新的谱式。从此于叔度就以风筝为业，不仅所得足以养家糊口，并渐渐成为当地制作风筝的名人。

▲ 林黛玉半身像

▲ 曹氏风筝

曹雪芹不仅帮助像于叔度那样身患残疾的人掌握一门手艺而谋生，还把自古以来有关风筝的资料和前辈的制作经验搜集起来，加以整理归纳，经过两三年的努力，终于写成《南鹞北鸢考工志》一书。这部著作详细阐述了风筝起放的原理，风筝的种类和扎糊、绘画的方法。为了便于传授，还绘制了彩色的图谱，如彩蝶、比翼燕、螃蟹、雏燕等，并写成歌诀。曹雪芹还写了关于金石、编织工艺、脱胎手艺、织补、印染、雕刻竹器和扇骨等技艺书稿。这些书稿连同写风筝的书稿集成一书，题作《废艺斋集稿》。可惜此书并未刻印且大多散佚，现在知道的是当时抄存者保留下来的一些资料。

曹雪芹不仅精通风筝的扎糊、绘制工艺，而且还是放风筝的高手。雪芹的好友敦敏曾作有《瓶湖懋斋记盛》一文，文中写到敦敏、董邦达等观看雪芹亲自在宣武门里结了冰的太平湖上放风筝的情景。雪芹不仅看得出风向，还预测其日下午有风，而他起放风筝技巧之高，使在场的人都大为惊异。敦敏这样描述他的技艺："风鸢听命乎百仞之上，游丝挥运于方寸之间"，几乎到了出神入化的境地。

曹雪芹的风筝书稿虽未经刻印，但经人传抄，又有于叔度、敦敏等人的传播，他的风筝谱和制作方法在北京广泛流传，而且一直承袭了下来。据说，新中国成立前夕，北京几家著名的风筝店铺用的都是曹雪芹的图式，曹雪芹对风筝的影响由此可见。

◇关心疾苦　医德高尚◇

根据著名民间艺术家、国家非物质文化遗产"曹（雪芹）氏风筝"传承人孔祥泽老先生说，20世纪70年代初和吴恩裕先生去白家疃访问，曾听一位村民说：当年前山（指香山）旗里有位大夫时常过来给穷人看病不要钱，每次来都在南边山根一间空庙临时借来桌椅给人看病，后来这位大夫搬到桥西住，

▲ 曹雪芹纪念馆石碑

辽阳曹雪芹纪念馆位于辽阳老城西小什字街口路东吴公馆院内（即吴恩培宅第）。有房屋21间，四周高墙围绕，属小四合院。

有了家，看病的人方便多了。一次舒成勋先生曾对孔老说，在蓝靛厂原有多家药铺，曹雪芹经常到这些药铺给病人抓药或配药，舒老对这些名字记忆犹新，并说给孔老听，遗憾的是孔老当时没有记下。孔老还说：曹雪芹曾经用自己医术治好了许多人的病症，一些有钱人的病被雪芹医好了后，常常要买些东西送与雪芹，以报雪芹医病之恩。雪芹往往告诉这些人，你不要给我买东西，你的钱先留着，一旦有病人看病，抓不起药，我让他找你，你把他的药钱给付了，这不是可以帮助更多的人解除病痛吗？就这样雪芹为许多贫苦的百姓治愈了多种顽症，人们交口称赞雪芹医术高明、医德高尚。

　　一个人做一点好事并不难，做了一生好事的人少之又少。雪芹为西山百姓医病，不要钱，甚至为贫苦的百姓采药，皆出自于雪芹对西山百姓的爱，在百姓中的好口碑就是明证。

◇穷困潦倒　忧郁而死◇

　　晚年，曹雪芹移居北京西郊，生活更加穷苦，"满径蓬蒿"，"举家食粥"，但他以坚韧不拔的毅力，专心致志地从事《红楼梦》的写作和修订。乾隆二十七年（1762），因其幼子夭亡，曹雪芹陷于过度的忧伤和悲痛中，卧床不起。1763年的除夕，终于因贫病无医而逝世。曹雪芹死后，后世也留传了一种说法，他和他儿子死的日子，占了两个"绝日"：一个是八月节，一个是除夕。

■历史评价|

　　曹雪芹的一生是不寻常的，坎坷困顿而又光辉灿烂。他讨人喜欢，受人爱慕倾赏，也大遭世俗的误解、诽谤与排挤。他有老子、庄子的哲思，有屈原的"骚"愤，有司马迁的史才，有顾恺之的画艺

▲ 曹雪芹像

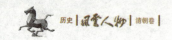

和"痴绝",有李义山、杜牧之的风流才情,还有李龟年、黄幡绰的音乐、剧曲的天才功力。他一身兼有贵贱、荣辱、离合、悲欢的人生阅历,又具备满族与汉族、江南与江北各种文化特色的融会贯通之奇辉异彩。他就是中华文化的一个鲜活代表。

曹雪芹撰稿十载,增删五次,铸就了中国小说史上不可逾越的巅峰之作《红楼梦》,它的光辉足以照耀古今。从古至今,没有一部文学作品能像《红楼梦》一样在社会上引起如此大的反响,不论是文人学者还是市井百姓都对这部作品津津乐道,可见其艺术手法之高。

■大事坐标▮

约 1715 年　出生。

1736 年　　乾隆帝赦免曹家各项"罪款",家复小康。

1744 年　　开始构思撰写《红楼梦》。

1750 年　　相传迁居北京西郊黄叶村,开始专心创作。

1758 年　　徙白家疃。

约 1763 年　逝世。

■关系图谱▮

清朝文化第一人

纳兰性德

■名片春秋 ｜

纳兰性德（1655 ～ 1685），字容若，号楞伽山人，满洲人，清代最著名的词人之一。他生活于满汉融合的时期，其贵族家庭之兴衰与王朝国事密切相关。他虽侍从帝王，却向往平淡的生活。这一特殊的生活环境与背景，加之他个人的超逸才华，使其诗词的创作呈现出独特的个性特征和鲜明的艺术风格。

■风云往事 ｜

◇出身显赫　天资聪颖◇

　　纳兰性德，字容若。纳兰容若这名字风光旖旎，叫令人惊艳：胸纳幽兰，神容略若。一吟此名，浊世才子翩翩风貌，历历眼前。纳兰性德生于北京，他的父亲是康熙时期权倾朝野的"相国"纳兰明珠，母亲觉罗氏为英亲王阿济格第五女，一品诰命夫人。而其家族那拉氏隶属正黄旗，为清初满族中的名门望族，即后世所称的"叶赫那拉氏"。纳兰性德的曾祖父金台什，为叶赫部贝勒，妹妹孟古，于明万

在当时词坛中兴的局面下，纳兰性德与阳羡派代表陈维崧、浙西派掌门朱彝尊鼎足而立，并称"清词三大家"。

▲ 纳兰性德府

▲ 纳兰词

历十六年（1588）嫁努尔哈赤为妃，生皇子皇太极。其后纳兰家族与皇室的姻戚关系也非常紧密。因而可以说，他必定过着衣食无忧，终生繁华富足的日子。也许是造化弄人，纳兰性德偏偏淡泊名利，向往平淡的生活。

纳兰性德小名冬郎，自幼天资聪颖，读书过目不忘，数岁时即习骑射，17岁入太学读书，为国子监祭酒徐文元赏识，推荐给其兄内阁学士、礼部侍郎徐乾学。纳兰性德18岁参加顺天府乡试，考中举人，19岁时准备参加会试，但因病没能参加殿试。而后数年中他更发奋研读，并拜徐乾学为师。在名师的指导下，他在两年中主持编纂了一部1792卷的儒学汇编——《通志堂经解》，受到皇帝的赏识，也为其此后的发展打下了基础。他又把熟读经史过程中的见闻和学友传述记录整理成文，用三四年时间，编成四卷集《渌水亭杂识》，其中包含历史、地理、天文、历算、佛学、音乐、文学、考证等方面知识，体现了他广博的赏识和兴趣爱好。

◇文武兼备　诗文奇才◇

纳兰性德22岁时，再次参加进士考试，考中二甲第七名。康熙皇帝破格授他为三等侍卫，以后升为二等，再升为一等。作为皇帝身边的御前侍卫，以英俊威武的武官身份参与风流斯文的诗文之事。随皇帝南巡北狩，游历四方，奉命参与重要的战略侦察；随皇帝唱和诗词，译制著述，因称圣意，多次受到恩赏，是人们羡慕的文武兼备的年少英才，帝王器重的随身近臣，前途无量的达官显贵。

纳兰性德厌恶官场，对于诗文艺术有着浓厚的兴趣。虽"身在高门广厦，常有山泽鱼鸟之思"。他诗文均很出色，尤以词作杰出，著称于世。1678年他把自己的词作编选成集，名为《侧帽集》，又著《饮水词》，再后有人将两部词集增遗补缺，共 349 首，编辑一处，合为《纳兰词》。传世的《纳兰词》在当时就享有盛誉，为文人、学士等高度评价，在当时词坛享有很高的地位。时人云："家家争唱《饮水词》，纳兰心事几人知？"可见其词的影响力之大。流传至今的"人生若只如初见，何事秋风悲画扇？等闲变却故人心，却道故人心易变……"这一富于意境的佳作，也只是其代表作的之一而已。

《饮水词》在内容上主要是悼亡、恨别、男女情思、与友人赠答酬唱等几个方面，词作基本上不涉及社会政治生活。

◇广交朋友　大义凛然◇

纳兰性德是一个重情重义的人，而且敬重他们的品格与才华，就像平原君食客三千一样，当时许多的名士才子都围绕在他身边，使得他的住所渌水亭（现宋庆龄故居内恩波亭）因文人骚客雅聚而著名，客观上也促进了"康乾盛世"的文化繁荣。究其原因，纳兰性德在一定程度上可以向汉族知识分子学到他所倾慕的汉文化知识，而更重要的是他自身有着不同于一般满洲贵族纨绔子弟的远大理想和高尚人格，这也是他与其他人的区别。

▲ 纳兰性德画像

民间相传，纳兰性德与朋友交往最重感情，最讲义气，敢为朋友两肋插刀。他作为清代最为著名的词人，不但具有怜香惜玉、百转柔肠般的情怀，而且还具有大义凛然、铁骨铮铮的性格。清代历史上发生的纳兰性德对朋友"生馆死殡"的故事，至今一直被广泛流传。

纳兰性德有个无锡好友叫顾贞观。一日，顾贞观填《金缕曲》两首，为吴兆骞被流放黑龙江一事求援。纳兰性德在细细品读完这两首《金缕曲》辞章后，不禁被顾贞观对生死之交的好友吴兆骞发自肺腑的思念关怀之情所深深感动。从此，顾贞观与

性德联起手来，二人为营救吴兆骞回京不停奔忙。经过 5 年的努力，再加上诸多好友及有正义感的朝廷大臣徐乾学、徐元文等鼎力协助，终于凑集了两千两银子，在性德求助于相父明珠后，明珠在康熙帝面前一番斡旋，终于在康熙二十年 (1681) 十一月，以认修内务府工程的名义将吴兆骞赎罪放还。吴兆骞回到京师后，受到纳兰性德、顾贞观、徐乾学等一批好友的热情迎接，为其专门设宴接风洗尘。至交好友在宴会上即席赋诗作词，一片欢欣。为了解决吴兆骞在京城的住宿等生活问题，性德又将其聘为馆师，让他住在自家府邸里教授自己 7 岁的弟弟揆叙读书。康熙二十三年十月，吴兆骞塞外归来刚刚三年，就因病客死京城。此时，性德正侍卫康熙皇帝巡游江南，听说这件事情之后，立即告假赶回京城。除了亲自为吴兆骞料理丧事外，还出资护送其灵柩回到他的家乡江苏吴江安葬……

这正是"生馆死殡"，情深似海。

◇多情才子　爱情凄美◇

1674 年纳兰性德 20 岁时，娶两广总督卢兴祖之女为妻，这一年卢氏刚满 18 岁，"生而婉娈，性本端庄，贞气天情，恭容礼典"，可谓才貌双全，性情温雅。成婚后，夫妻恩爱情笃，纳兰性德 18 岁时写过一首词，内有"吹花嚼蕊弄冰弦"的句子，这是他心目中红颜知己的娇憨模样，"吹花"就是用树叶吹出音调；"嚼蕊"是口嚼芬芳的花蕊，使口中带有香气；"冰弦"是冰蚕丝做的琴弦。这些颇具情调的诗意动作，和李清照与夫君"读书消得泼茶香"异曲同工。卢氏也是一位解风情、识雅趣的"知性女子"，"吹花嚼蕊弄冰弦"自然不在话下，可惜天不假年，偏在三年后摧花夺香，卢氏死于产后受寒。

纳兰性德十分欣赏李煜，他曾说："花间之词如古玉器，贵重而不适用；宋词适用而少贵重，李后主兼而有其美，更饶烟水迷离之致。"

纳兰性德的词基本以一个"真"字取胜，写情真挚浓烈，写景逼真传神，但细读却又感淡淡忧伤。

不久，纳兰性德续娶官氏，这一位家世更加显赫，为一等公之女，相貌也属上乘，但在才情雅趣方面，却与卢氏相差甚远。官氏嫁给纳兰性德后，没有生子，有人推测两人关系不好，并摘出纳兰性德的诗词进一步佐证，比如纳兰性德的《点绛唇》里就有一句："一种蛾眉，下弦不似初弦好"。想必官氏是受到了纳兰性德的冷落，否则，纳兰性德不会再娶二妾。当时满人的婚姻制度是"一夫一妻一妾"，纳兰性德在续娶官氏为妻后，又娶了一位美貌女子颜氏为妾。

官氏与颜氏虽然相貌美丽却在精神和怀古上远不及卢氏。纳兰性德30岁那年，由朋友顾贞观牵线，终于娶了一位江南"才女"为妾，了却红颜知己的心愿。这位"才女"名叫沈宛，著有《选梦词》。可惜由于纳兰性德当时担任皇帝侍卫，不能与汉族女子通婚，所以沈宛不能进入纳兰府。不久，纳兰性德去世，沈宛产下了遗腹子，就被纳兰府"送回"了江南。那个叫富森的遗腹子，倒是得以堂而皇之地列入纳兰氏的族谱，在他70岁的时候，还被邀请参加乾隆帝所设的"千叟宴"。纳兰性德在其31岁时，与朋友聚会后旧疾寒病复发，"七日不汗"，最终撒手人寰。原本期待的爱情却在几个月之后消失了。

多情之人必受多情之苦。他那一首首低回哀婉的爱情辞章和那一篇篇凄美绝伦的悼亡之作，恰如杜鹃啼血，令人不忍卒读，它们仿佛是一个个美丽的花圈，祭奠与凭吊着那永逝的爱情、理想、青春和生命。它们亦向人们昭示着纳兰性德心灵的高贵。

梦江南·昏鸦尽

纳兰性德

昏鸦尽，
小立恨因谁？
急雪乍翻香阁絮，
轻风吹到胆瓶梅，
心字已成灰。

▲ 纳兰性德手迹

139

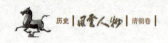
■历史评价 I

　　纳兰性德生前最爱写词，现存的有 349 首，其词哀感顽艳，有南唐后主遗风，悼亡词情真意切，痛彻肺腑，令人不忍卒读。纳兰性德的诗词不但在清代词坛享有很高的声誉，在整个中国文学史上，"纳兰词"也占有光彩夺目的一席之地。

　　后世人对纳兰性德的评价也很高，其中最富影响力的当属国学大师王国维的评价："纳兰性德以自然之眼观物，以自然之舌言情，未染汉人习气，故能真切如此，北宋以来一人而已。"这是因为纳兰性德本是满族人，清军入关，占了中原，他是大学士明珠的儿子，所以生活相当优越。而他却更爱风月，所创作诗词当中透着一股灵性，少了许多做作，一定程度上走出了历代诗词的常规。

■大事坐标 I

1655 年	出生。
1671 年	入太学读书，结识恩师礼部侍郎徐乾学。
1672 年	参加顺天府乡试，考中举人。
1674 年	娶两广总督卢兴祖之女为妻，赐淑人。
1676 年	再次参加进士考试，考中二甲第七名。康熙皇帝破格授他三等侍卫后升为二等，再升为一等。
1678 年	把词作编选成集，名为《侧帽集》，又著《饮水词》，合为《纳兰词》。
1685 年	一病不起，溘然而逝。

■关系图谱 I

纳兰性德

纳兰明珠　　父子　　　　曾祖父　　金台什

板桥三绝

郑板桥

■名片春秋 ｜

郑板桥（1693～1765），名燮，字克柔，江苏兴化人，清代官吏、书画家、文学家。康熙年间秀才、雍正年间举人、乾隆元年进士，以怪出名，"扬州八怪"之一。历任山东范县、潍县知县，有惠政，深得民心。他的诗书画皆旷世独立，推陈出新，人称三绝。著有《板桥全集》。

■风云往事 ｜

◇出身穷苦　资质聪慧◇

　　郑板桥出身于贫困的百姓家庭。3岁时，生母汪夫人去世，14岁又失去继母郑夫人。乳母费氏是一位善良、勤劳、朴实的劳动妇女，给了郑板桥悉心周到的照顾和无微不至的关怀，成为郑板桥生活和情感上的支柱。郑板桥资质聪慧，3岁识字，至八九岁已在父亲郑立庵的指导下作文联对。少时随父至真州毛家桥读书。16岁时开始向陆种园学习填词。

　　他19岁时中了秀才，23岁时结婚，为了生活，

▲ 郑板桥

141

到扬州去卖字画，无人赏识，很不得意，有时逛逛青楼，或借酒浇愁，显得消沉。迨至他30岁时，父亲穷困而死，再后来，由于无饭可吃，自己的儿子也饥饿而死，境遇至惨。所幸他40岁中了举人，44岁中了进士。再到扬州，因已有了名气，他的字画连同旧作，都被当成墨宝，他慨于炎凉的世态，特地刻了一方印章盖在他的作品上，印文为"二十年前旧板桥"，多少也带点自嘲的意味。

◇板桥三绝　万古流芳◇

作为清代"扬州八怪"的主要代表人物，郑板桥以"三绝诗书画"而成为一代不朽的名人。

郑板桥一大爱好便是作诗，许多脍炙人口的绝句至今仍被人们广为传颂。他的诗文立意高远、富有情趣，恰似一股清新之风吹过文坛。"咬定青山不放松，立根原在破岩中。千磨万击还坚劲，任尔东西南北风。"板桥先生既是在写物，更是在写人。直接反映社会底层人民的生活，鞭挞官场的丑恶，这是他的诗的不同之处。

在清代的文坛上，千人一面的"馆阁体"盛行，并成为科举取士的标准。早期，郑板桥为博取功名，也学写"馆阁体"，但后来他又转学苏东坡和黄庭坚等人的书体，且"学古而不拟古"，在继承前人的基础上，独辟蹊径，自树一帜，敢于创新，形成了独具特色的"六分半书"，即"板桥体"。"六分半书"融真、草、隶、篆于一体，以真隶为主，杂以行草，单个字形式上呈横扁，左低右高，既有篆隶古朴苍劲的金石味，又有跌宕飞动的行草味道。

郑板桥先生对绘画也有很高的造诣，擅长画竹、兰、石、松、菊等，尤以体貌疏朗、风格劲健的兰、竹最为著称。画竹，他提出了"眼中之竹""胸中

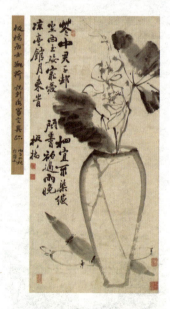

▲ 郑板桥书画

之竹""手中之竹"的绘画三阶段说，把深思熟虑的构思与熟练的笔墨技巧结合起来，收到了"多不乱，少不疏，脱尽时习，秀劲绝伦"的艺术效果，被人们誉为"意在笔先""趣在法外"、气韵生动，形神兼备。画兰，他画的多为山野之兰，以重墨草书之笔，书写兰之烂漫天性。

郑板桥先生与常人不同之处在于将诗书画完美结合，在画幅中，他用"六分半书"题诗题句，或穿插或避让，巧妙地连接整个画面，使之有机结合，获得了"三绝诗书画"的美誉。更难能可贵的是，他生活的时代正值"康乾盛世"，趋炎附势的媚世之风笼罩了文坛和艺坛，在一定程度上也禁锢了人们的思想，阻碍了文学艺术的发展。而郑板桥和"扬州八怪"的其他人物一样，在各自的领域里，大胆探索，推陈出新，为清代文坛、艺坛增添了一丝生气，对后世之人的影响很深。

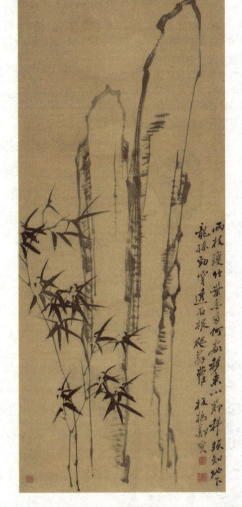

▲ 郑板桥作品

◇才学极高　以怪出名◇

郑板桥才学极高，其画更是出名，许多人求其画而不可得。据说郑板桥的画非常传神，能够使画中之物成真。话说郑板桥有一个朋友，家里新砌了一道墙，他一直请郑板桥为其于墙壁上作画，无奈郑板桥总是忙着没时间。

有一次，这个朋友请郑板桥和朋友们到家里喝酒。酒席喝到一半，主人当着大家的面，非请郑板桥在墙壁上画一画不可。郑板桥见推不掉，就说：

郑板桥的书法，自称为"六分半书"，他以兰草画法入笔，极其潇洒自然，参以篆、隶、草、楷的字形，穷极变化。

郑板桥的"怪"，颇有点济公活佛的味道，"怪"中总含几分真诚，几分幽默，几分酸辣。每当他看到贪官奸民被游街示众时，便画一幅梅兰竹石，挂在犯人身上作为围屏，借以警世醒民。

▲ 河南范县郑板桥雕像

"行，你磨墨吧！"主人连忙让儿子拿来一砚墨来，郑板桥一看，说道："不行，太少了，至少要磨半小盆的墨。"众人听罢都觉得迷惑，那么多的墨，难不成要将整壁墙都涂黑？主人心疑之际，仍赶紧让儿子端来半小盆的墨。这时郑板桥已经是醉得摇摇晃晃了，他走到墙壁前面，用手往盆子里一沾，就往墙上抹起来，抹了几把，又把整个盆子端起来，将里头的墨汁整个都泼到墙壁上，弄得黑压压一片。这主人心里可不痛快了，他原来只想让郑板桥画在墙上，一是风光，二是好看。谁知黑压压一片不知在画何物？

恰逢有一天刚下一场大雨，天上不住地打雷，加上闪电，好不惊人，谁知雨过天晴，这道墙壁前面竟然死了上百只的麻雀。过了一些时日，一个老人来到这主人家门口，就对着这道墙壁仔细地看。这主人看见了，一时好奇，就问："您在看啥？""这画一定是名人画的吧？"主人心中还有气，说道："那是什么名人，只是一个朋友用手抹的。"老头儿问："这画成了之后，可出过什么奇怪之事？"主人答："奇事倒是有一件，有一天下大雨，又打雷又闪电，之后就在墙前面发现死了上百只的麻雀。"老头点头说道："这画真是太好了！一般人看不出他画的是竹林，只有打雷下雨的时候，闪电一照，才看出是竹林，麻雀将它当成真的竹林，飞来避雨，所以就撞在墙上死了。"这时，朋友才知道这幅画的美妙之处。

◇爱民如子 深得民心◇

在雍正十年（1732），郑板桥在朋友们的帮助下去应试，结果中了举人。

在乾隆元年即 1736 年又中了进士，五年后被任命为山东范县县令。

范县地处黄河北岸，有 10 万人口，而县城里却只有四五十户人家，还不如一个村子大。郑板桥上任的第一天，就出了个怪招：让人把县衙的墙壁打了许多洞。别人不解，去问他，他说这是除去前任官的恶习和俗气。

五年之后，郑板桥调任山东潍县县令。有一次夜里出去，听到有间茅草屋里传出阵阵读书声，一看原来是一个叫韩梦周的贫困青年在苦读。郑板桥就拿出自己的银子资助他，后来韩梦周参加科举考试中了进士。郑板桥因为失去了独子，他总是经常寻访孤儿，然后倾力相助。县学里的孩子放学碰上雨天不能回家，他就让人给送饭，又想到孩子们走泥路容易坏鞋，就让人找些旧鞋送给他们。百姓们都很感谢这位体恤百姓、爱民如子的清官。

郑板桥做官从不讲排场，这也给他带来一些麻烦。由于他常下乡体察民情，上级来视察时常找不到他，免不了要责问。在乾隆十七年（1752）时潍县发生了大灾害，郑板桥因为申请救济而触怒了上司，结果被罢了官。临行前，百姓都来送行，郑板桥雇了三头毛驴，一头自己骑，一头让人骑着前边

郑板桥一生画竹最多，次则兰、石，但也画松画菊，是清代比较有代表性的文人画家，代表画作为《兰竹图》。

▲《难得糊涂》书影

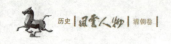
郑板桥的对联：
删繁就简三秋树，
立意标新二月花。

▲ 江苏泰州郑板桥墓

领路，一头驮行李。做县令长达 12 年之久，却如此清廉，送行的人都很感动，依依不舍。

◇ 难得糊涂　流传至今 ◇

"难得糊涂"是郑板桥书写的一句平淡有味的名言。他本是个聪明绝顶，通今博古的一代文豪，却偏偏写"吃亏是福""难得糊涂"，并煞有介事地再加上个注："聪明难，糊涂难，由聪明而入糊涂更难。"

一般为官者知道，为政若得罪巨室，就很少有好下场。而板桥一反积习，独行其是，明知其不可为而为之。最后，不惜扔掉热烘烘的乌纱帽，而宁可回到冷飕飕的秋江上去钓鱼，也正因他的率真，才会过得如此洒脱、自由。

他所题的"难得糊涂"，可能有两种含义：一方面似有鉴于官场中的糊涂，他难得那种糊涂，只有及早抽身；另一方面当系看透世态，为免多惹烦恼，不妨糊涂一点。

乾隆三十年（1765）十二月十二日郑板桥去世，葬于兴化城东管阮庄。

■ 历史评价 ■

画家傅抱石在《郑板桥试论》中写道："板桥的书法自称'六分半书'，比较他的诗、画，是最得好评的。"艺术大师徐悲鸿也曾对郑板桥有着高度评价："板桥先生为中国近三百年来最卓绝人物之一，其思想奇、文奇、书画尤奇。观其诗文及书画，不但想见高致，而且寓仁慈于奇妙，尤为古今天才之难得者"。

"三绝诗书画，一官归去来"，郑板桥的一生是追求的一生，探索的一生，也是做出了杰出艺术成就的一生。他虽然谢世已有 200 余年，但人们仍在缅怀和纪念他的精神和艺术。

■大事坐标｜

1693 年　出生。

1732 年　参加乡试，中举人。

1741 年　任山东范县县令。

1746 年　调任潍县县令。

1752 年　为民请赈而得罪上级，辞官而去。

1754 年　游杭州，所作书画作品极多，流传极广。

1765 年　去世。

■关系图谱｜

剑气箫心

龚自珍

■名片春秋

龚自珍（1792～1841），清代思想家、文学家及改良主义的先驱者。27岁中举人，38岁中进士，曾任内阁中书、宗人府主事和礼部主事等官职。主张革除弊政，抵制外国侵略，曾全力支持林则徐禁除鸦片。48岁辞官南归，次年去世。他的诗文揭露清统治者的腐朽，主张变革图新，洋溢着爱国热情，被柳亚子誉为"三百年来第一流"。著名诗作《己亥杂诗》共315首。

■风云往事

◇少年之幸　科举之艰◇

龚自珍出生于杭州城东马坡巷小采园（今有纪念馆于此），是龚家的长房长孙。6岁随父母先后租居于北京绳近胡同、潘家河、门楼胡同、手帕胡同和城外上斜街等处，祖父病逝后与家人回杭州守孝。两年后返京，租住于北京法源寺南。龚自珍的启蒙教育由母亲承担，教读吴伟业诗和桐城派方苞、刘大櫆散文。后有家庭塾师宋璠，教学文史并重，

水仙花赋（节选）

有一仙子兮其居何处？
是幻非真兮降于水涯。
鲜翠为据，天然装束；
将黄染额，不事铅华。
时则艳雪铺峦，
懿芳兰其未蕊；
玄冰荐月，感雅蒜而先花。

经子兼顾，善诱导，打下了很好的基础。12 岁时，外祖父段玉裁便教他说文解字。13 岁他作《水仙花赋》，14 岁考订古今官制，16 岁读《四库全书总目提要》，并由此搜罗善本古籍，致力目录学，17 岁收集石刻，攻金石文字。

他 19 岁时参加顺天乡试，中副榜第 28 名，未取得正式功名，只得以副榜贡生资格通过考试充任武英殿校录。不久随外放徽州知府的父亲南下。同年访时在苏州的外祖父段玉裁，与其孙女、自己的表妹段美贞结婚。21 岁时再应顺天乡试，再次落榜。回徽州后参与父亲主持的《徽州府志》重修工作。直到他第四次应乡试，才终于中试第四名举人，那时不过 27 岁。第四名举人是所谓"五经魁"之一，这使龚自珍大受鼓舞，以为科名从此一帆风顺，有望置身于卿相之列，开始实现改革政治的抱负了。

▲ 龚自珍像

◇主张改革　启蒙思想◇

龚自珍从青年时起，就对国家政事有着自己独到的见解。道光三年（1823），他深刻认识到外国资本主义侵略造成严重的民族危机，指出"近惟英夷，实乃巨诈，拒之则叩关，狎之则蠹国"（《阮尚书年谱第一序》）。他对时代的危机，不只是敏锐地觉察到，而且也积极地呼吁挽救它；他肯定未来时代的必然变化，并寄以热情的幻想和希望。龚自珍处在过渡时代的开始阶段，他改革政治的思想和理想并不彻底。后来他看到均田制办不到，又作《农

龚自珍打破清中叶以来诗坛的模山范水的沉寂局面，而总是着眼于现实政治与社会形势，发抒感慨，纵横议论。

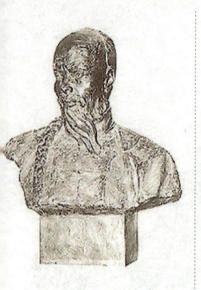

▲ 龚自珍像

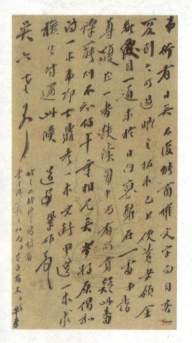

▲ 龚自珍手札书影

宗篇》，主张按宗法分田：大宗百亩，小宗、群宗25亩，其余闲民为佃农。但是他未能突破封建阶级的根本立场，在《农宗答问第一》及《农宗答问第四》中又肯定了大地主的地位。

龚自珍到30岁前后，在学术思想上也发生了较大的变化。

他注重实学，实际是要使历史和现实政治的社会问题即"当今之务"联系起来。与此同时，他对政治改革依旧有着自己的见解，并提出自己的想法，始终没有与庸俗官僚同流合污。道光九年在殿试《对策》中，他肯定经史的作用，更指出经史之用必以现实问题为依据；对现实问题，特别关切西北边疆和东南海防。龚自珍在中年以后，随着仕途失意，感慨日深，思想也陷入矛盾、烦恼和痛苦之中。龚自珍的思想就其主导方面来说，虽然对封建思想批判不彻底，改良的目标不明确，但他的政治思想和态度始终是积极的，他看到清王朝的现实统治为"衰世"，为"日之将夕"，确信未来时代的巨大变化，并始终对其寄以极大的热情和希望。他是在中国封建社会开始发生重大变化前夕，一个主张改革腐朽现状和抵抗外国资本主义侵略，主张近代资产阶级改良主义的启蒙思想家。

◇己亥杂诗 剑气箫心◇

龚自珍27岁中举人，38岁中进士，在清朝政府里做了20多年左右的官。由于他看不惯官场中的腐败和黑暗，所以一直受到排挤和打击。1839年，他毅然辞官回老家。在回乡的旅途中，他看着祖国的大好河山，目睹生活在苦难中的人民，不禁触景生情，思绪万千，即兴写下了一首又一首诗作。

一天，龚自珍路过镇江，只见街上人山人海，热闹非凡，一打听，原来当地在赛神。人们抬着玉皇、风神、雷神等天神在虔诚地祭拜。这时，有人认出了龚自珍。一听当代文豪也在这里，一位道士马上挤上前来恳请龚自珍为天神写篇祭文。龚自珍一挥而就写下了《九州生气恃风雷》这首诗，全诗共四句："九州生气恃风雷，万马齐喑究可哀。我劝天公重抖擞，不拘一格降人才。"诗中九州是整个中国的代称。诗的大意说，中国要有活力，要凭借疾风迅雷般的社会变革，现在人们都不敢说话。沉闷得令人可悲。我奉劝天公重新振作起来，不要拘泥于常规，请上天把有才之人，赐予人间吧。

▲ 龚自珍诗意图

读龚自珍的诗，便会感到剑与箫是龚自珍经常对举的两个词语。剑气和箫心，反映着龚自珍人格的期待、人生态度与审美追求的诗意性描写，构成了龚诗美感形态的两翼，是奇诡瑰丽、风发云逝的龚诗之魂、龚氏之魂。他在《己亥杂诗》中云："少年击剑更吹箫，剑气箫心一例消。谁分苍凉归棹后，万千哀乐集今朝。"又有《丑奴儿令》词云："沉思十五年中事，才也纵横，泪也纵横，双负箫心与剑名。"表达了龚自珍直面现实人生的剑气，忧患感奋的箫心。也只有"剑气箫心"才能表现龚自珍的霸气与从容。剑气，即狂侠之气；箫心，即怨抑之心。这么一位艳骨奇情、独立无俦、勇开风气的思想家、文学家，给后人留下了许多令人寻味的故事。

◇家有狂子　卖国败德◇

"薮泽无才盗"表达了龚自珍对当时中国人才极度匮乏的无奈，为此他写出了那句振聋发聩的"我劝天公重抖擞，不拘一格降人才"。让龚自珍做梦也没有想到的是，在他去世不到20年，他所"呼唤"的那个"才盗"、那个"杰出的强盗"就诞生了。而此人，正是他的儿子龚橙。

龚橙是龚自珍的长子，字孝拱，号半伦。中国人讲究"五伦"，可这位龚大公子除了自己的小老婆，别的通通不爱，故自号"半伦"，真是"坦诚"得让人佩服。龚半伦虽放荡不羁，可并非不学无术之徒。相反他自幼聪颖，读了不少书。龚半伦虽家学渊源，又有严父亲授，却生性狂傲、喜空谈，世称狂士。为此，龚自珍曾多次劝勉儿子要踏实做学问。可惜，龚半伦辜负了父亲的期望。后来他流落到上海，依然放荡不羁，挥霍狎妓。

如果仅仅做一名"狂士"，倒也罢了，偏偏这位龚公子在走投无路之际投靠了英国公使威妥玛。龚半伦流利的英语让这位公使大为惊叹。威氏对他极为赏识，给了他很高的待遇，行动有护卫跟从，月致万金。包括公使本人在内，上上下下都恭敬地称他为龚先生。知遇之恩当涌泉相报，龚半伦为洋人效力的日子终于来到了。1860年，英法联军侵入中国，龚半伦打扮成洋人的模样，出入洋兵营盘，狐假虎威，很是得意。

与龚半伦形成鲜明对比的是他的父亲龚自珍。父子俩一个爱国，一个卖国，一个名垂青史，一个遗臭万年。清人赵翼说，名父之子多败德，这虽然不是必然规律，但名父不幸而有逆子，按照"子不教父之过"的说法，龚自珍自然也难辞其咎。与几

▲ 浙江杭州龚自珍纪念馆

龚自珍纪念馆的主体是座清代风格的两层楼房，上下五开间，兼有耳房，雕梁画栋，古朴典雅，正厅安放龚自珍半身古铜色塑像。

乎所有卖国贼一样，龚半伦最后也难逃惩罚。史载，龚半伦晚年生活极为潦倒，靠典当家私过活，最后因精神失常发狂而死。看来，即使是自称"半伦"的人，也仍然无法逃脱良心的谴责。

■ **历史评价** ┃

龚自珍是近代的启蒙思想家、杰出的爱国者。在腐朽黑暗的晚清时代，他以大无畏的勇气，批判社会黑暗，呼吁更法改革，震动了神州士人。在西方列强扩大侵略中国的时候，他坚决反对鸦片贸易，主张足食足兵，巩固边疆，维护国家完整和民族独立。他还是一位影响深远的浪漫主义诗人。他声情沉烈的诗文作品如万马哀鸣，不但开启了一个文学潮流，更激励了一代又一代的人们。

龚自珍是多面的：一方面，他以天下为己任，纵论天下兴亡，敢于揭露封建制度的腐朽，预言改革之必然，颇有慷慨激昂的书生意气。另一方面，他恃才放旷，常以风怀禅悦自娱，行为放浪不羁，对不学无术的达官贵人施以白眼。

■ **大事坐标** ┃

1792 年　出生。
1819 年　与魏源一起师事今文学家刘逢禄，研读《公羊春秋》。
1839 年　得罪长官，决计辞官南归，写成了 315 首短诗，并总命名为《己亥杂诗》。
1841 年　执教于江苏丹阳云阳书院。9 月，突患急病暴卒于丹阳。

■ **关系图谱** ┃

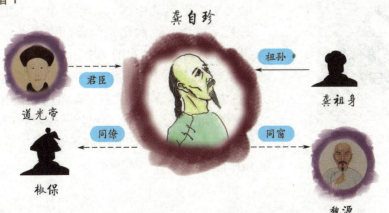

文坛怪杰

辜鸿铭

■名片春秋 |

辜鸿铭（1857～1928），字汤生，号立诚，祖籍福建同安县（今福建同安区），生于马来西亚槟榔屿。学博中西，号称"清末怪杰"，是晚清精通西洋科学、语言兼及东方华学的中国第一人。他翻译了《论语》《中庸》和《大学》，创获甚巨，著有《中国的牛津运动》和《中国人的精神》等英文书，热衷向西方人宣传东方的文化和精神，在西方有"到中国可以不看紫禁城，不可不看辜鸿铭"的说法。

▲ 青年辜鸿铭

■风云往事 |

清朝末年，有一位"生在南洋，学在西洋，婚在东洋，仕在北洋"的大名士，他是第一个被诺贝尔文学奖提名的中国人。也是第一个把中国《论语》、《中庸》这些儒家经典翻译成英、德文字介绍到西方的人，他写的《中国人的精神》被西方哲学界奉为必读的经典著作。他和俄国一代大文豪列夫·托尔斯泰是书信之友，印度的圣雄甘地称他为"最尊贵的中国人"。在20世纪时，西方人只认可两个东方人，一个是印度的诗圣泰戈尔，一个就是这位中国的"怪杰"辜鸿铭。

◇精明能干　学成归国◇

咸丰七年（1857），辜鸿铭出生在南洋马来西亚槟榔屿一个英国人的橡胶园中。他的父亲辜紫云在英国人布朗的胶园中担任总管，为人精明能干，深得布朗的信任。布朗夫妇膝下无儿无女，便把辜鸿铭收为义子，对辜鸿铭疼爱有加，视如己出。同治六年（1867），布朗决定把辜鸿铭带在身边一同返回英国。辜鸿铭跟随布朗来到英伦三岛的爱丁堡后，努力学习，先后就读于爱丁堡和莱比锡大学。

学成归来后，辜鸿铭成为新加坡政府的工作人员，每日里饱食终日，无所事事，正当他百无聊赖之际，遇到了一位中国人杨汝澍。杨汝澍对辜鸿铭的学问大感佩服，便邀请他到自己的上司清朝湖广总督张之洞的幕府工作。辜鸿铭正愁一身好学问苦无识主，便径直跟着杨汝澍去湖广总督府拜见张之洞。

▲ 辜鸿铭（前右一）与泰戈尔等人合影

◇幕府生涯　献计献策◇

当时的张之洞正广开幕府，邀请天下才俊，听闻辜鸿铭是个西洋博士，连忙做出一副礼贤下士的派头，安排辜鸿铭管理商务。张之洞是个有名的神童，但从小就有一个坏毛病，过日子颠倒黑白，经常起卧不定，说睡就睡。而他吃饭总是喜欢召唤幕僚们和自己一起吃，于是陪张大人吃饭，就成了湖广总督府中最苦的差事之一。其吃饭的流程是这样的：饭菜全部上好之后，张大人先动第一筷子后，众幕僚便逐渐各自开动，然后忽然之间张大人就坐在椅子上睡着了，众幕僚忙放下碗筷，肃然静坐等待。其中的苦自不待言，而且这也耽误了许多的事情。辜鸿铭不同于其他幕僚，他从没在中国的官场工作过，又在西方长大，受不得"君君臣臣"那一套虚文。他陪张之洞吃过几次饭之后，遂首先发难，

▲ 张之洞像

▲ 辜鸿铭

辜鸿铭的原配夫人叫淑姑，是他理想中的妻子：小足、柳腰、细眉、温柔、贤淑。从结婚之日起，他就把她的小脚视为珍宝。

向张之洞提出了自己的想法和建议，张之洞也没生气，反而更加敬重他这种敢于直言的脾气，从此也就尽量不和幕僚们一起吃饭。

辜鸿铭在张之洞手下干了23年，期间襄助张之洞训练新军，创办新兴工业，处理洋务外交等等，很是尽力。后来张之洞入阁拜相，辜鸿铭也随其一起进京，被分配到了外务部工作。一年后，张之洞肝病加重，到六月间，已是汤药不进。直到十月四日病逝，辜鸿铭对此也是悲伤不已。

◇怪癖颇多　坚持己见◇

辜鸿铭是个矛盾的混合体，中西文化的激烈碰撞使他成为清末的第一大"怪物"。他生在南洋，学在西洋，婚在东洋，仕在北洋。最爱的却是东方姑娘，辜鸿铭以"爱莲"名动天下，此爱莲非周敦颐的"爱莲"，而是中国古时女人特有的三寸金莲。辜鸿铭曾戏称自己的成就主要归功于那双金莲，称其为自己的"兴奋剂"。辜鸿铭的原配夫人淑姑，就是凭借那双长不及掌的金莲，折服了辜鸿铭。传说辜鸿铭写作时，遇到思路滞塞，文笔枯干，便会大喊："淑姑，快来书房！"淑姑便会应声而至，坐在他身旁片刻，辜鸿铭便来了精神，文思泉涌，洋洋洒洒，下笔有神。

辜鸿铭醉心于女人的三寸金莲，且成了他特有的一大癖好。他对此还有一番高论："女人之美，美在小脚，小脚之妙，妙在其臭。食品中有臭豆腐和臭蛋等，这种风味才勉强可与小脚比拟。前代缠足，乃一大艺术发明，实非虚政，更非虐政。"

辜鸿铭视妇女缠足为国粹也就罢了，还视一夫多妻为天理，曾为此留下世界级辩论："壶一杯众"论。辜鸿铭痴迷中国女子的三寸金莲，有了"兴奋剂"还不够，娶了淑姑不到一年，辜鸿铭便纳了日本姑娘吉田贞子为妾，晚年又收了碧云霞姑娘。一些女子特别是西方的在华女子对此不能忍受,向他频下战书,发问责难。面对为何赞成纳妾却反对女子多招夫的责问,辜鸿铭却风马牛不相及地问人家是否见过中国的茶壶,洋太太不知辜鸿铭葫芦里卖的什么药,回答说见过。辜鸿铭便说:"这茶壶和茶杯就好像男人和女人,一个茶壶配上几个茶杯本来就是天经地义的事情,而一个茶杯配上几个茶壶则是万万不可的。"辜鸿铭这著名的"杯壶论",后来广为流传,以至于和他灰白的辫子一起,成了一代怪杰的标志。

说起他的辫子,虽称不了怪癖,但确实令人费解。辜鸿铭对那条"象征性的发辫"确实坚持己见,他曾对毛姆说:"你看我留着发辫,那是一个标记,我是老大中华末了的一个代表。"辜鸿铭还骂所有剪辫子的人是"没有辫子的畜生,野兽!"民国初年,有人剪掉辫子后戴顶帽子,思想陈旧的他就骂人家:"沐猴而冠!"

▲ 辜鸿铭一家

◇学贯中西　尊王尊孔◇

辜鸿铭虽然是中国传统文化的坚定支持者,但他却是近代中国最早接触西方文化,并且在西方文明熏陶下成长起来的一位学贯中西的大学者。作为中国最早赴英国的留学生,他曾经遍游大半个欧洲,且精通英、德、法、希腊、拉丁等九种西方语言。虽然长期生活在西方,并且是一个精通西方文化及语言的天才人物,他却以清朝遗老自居,并高谈"尊王""尊孔",反对当时在中国大行其道的新文化运动,这使得他这位海归派人物,与其他海归派人物的言行相比显得十分另类。作为中西文化交流的使者,当时的海归派学者们都是向中国介绍西方的现代文明,并且猛烈抨击以孔孟之道为核心的中国传统文化。而辜鸿铭却反其道而行之,以他所擅长的西方语言才能潜心翻译中华传统文化,向欧洲输出

▲ 辜鸿铭书法作品书影

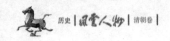

中华文明。在 19 世纪末 20 世纪初，西方文明的滚滚涌入，对当时中国知识界的绝大多数人来说普遍有一种新鲜感。向国人介绍西方文明的严复、蔡元培、胡适、鲁迅等人在封闭了几千年的中国文化界起到了开风气的巨大推动作用。而性格倔强的辜鸿铭却甘愿忍受世人的冷嘲热讽向西方介绍中国积淀数千年的传统道德观念和人生哲学。由于走的是两条道路，严复、蔡元培等人虽然在国内名气较大，也更顺应时代潮流，但在欧洲，辜鸿铭的影响更加深远。

辜鸿铭推崇儒家学说到了无以复加的地步，能言善辩，而且极具机智与幽默。他在北京大学教的是拉丁文等功课，上课不能发挥他的正统思想，他就随时随地要找机会发泄。有一次，他在椿树胡同的家中宴请欧美友人，局促而简陋的小院已够寒酸，照明用的还是煤油灯，昏暗而又烟气呛鼻，而且，这帮欧美友人也不清楚"晋安寄庐"的真实含义。于是，就有人说："煤油灯不如电灯和汽灯明亮。"辜鸿铭说道："我们东方人，讲求明心见性，东方人心明，油灯自亮。东方人不像西方人那样专门看重表面工夫。"辜鸿铭的一番高论，欧美友人竟信以为真。

还有一次，中日甲午战争后，伊藤博文到中国漫游，在武昌时与张之洞有过接触。辜鸿铭作为幕僚送给伊藤一本刚出版的《论语》英译本。伊藤早知道辜氏是中国保守派中的先锋，便乘机调侃他道："听说你精通西洋学术，难道还不清楚孔子之教能行于两千多年前，却不能行于 20 世纪的今天吗？"辜鸿铭见招拆招，回答道："孔子教人的方法，就好比数学家的加减乘除，在数千年前，其法是三三得九，如今 20 世纪，其法仍然是三三得九，并不会三三得八。"伊藤竟无言以对。

辜鸿铭在 1915 年出版了用英文写成的《中国人的精神》，用自己的笔维护了中国文化的尊严，改变了部分西方人对中国的偏见。此书一出，轰动西方。

■ 历史评价 ┃

　　百年来，人们对于辜鸿铭的评价褒贬不一。誉之者上天，贬之者入地，众说纷纭，莫衷一是。特立独行的辜鸿铭，辩才无双的辜鸿铭，说不尽、讲不完、弄不明白的辜鸿铭，1928 年 4 月病逝于北京。他的古怪的做事风范至今依旧给人留下深刻的印象。

■ 大事坐标 ┃

1857 年	出生。
1867 年	到英国学习。
1877 年	获得爱丁堡大学文学硕士学位后，又赴德国莱比锡大学等著名学府研究文学、哲学。
1901~1905 年	分五次发表了 172 则《中国札记》。
1909 年	英文著本《中国的牛津运动》，在欧洲尤其是德国产生巨大的影响。
1913 年	被提名参加诺贝尔文学奖的评选。
1915 年	《春秋大义》(《中国人的精神》)出版。
1928 年	在北京逝世。

■ 关系图谱 ┃

第四编
科学技术及其他篇

中国在近代虽然落在了西方发展的后面，但是清朝统治以来，仍然取得了一定的科学技术成就。特别是鸦片战争打开中国的国门之后，清朝很多官员掀起了救亡图存运动，像洋务运动、戊戌变法、清末新政，客观上都促进了清朝科技的发展，并涌现出了一大批热血救国的科技人才，在一定程度上抵御了西方列强的侵略。

"学究天人"王锡阐是清朝著名的天文历算学家，其最重要的天文著作是《晓庵新法》。他在批判吸收外来学说、发展天文理论方面做出了许多贡献，使中国天文学与西方天文学开始走向融合。

李善兰是近代著名的数学、天文学、力学和植物学家，在数学的许多方面取得了独创性成就，创立了二次平方根的幂级数展开式、各种三角函数、反三角函数和对数函数的幂级数展开式，这是19世纪中国数学界最重大的成就。他还从事过翻译、教育工作，为国家的科学进步做出了重大贡献。

"中国铁路之父"詹天佑是中国近代铁路工程专家。他12岁留学美国学习土木工程及铁路专科，大学毕业获学士学位后归国，主持修建了我国自建的第一条铁路——京张铁路，震惊中外。

另外，在其他篇中列出农民起义首领洪秀全。太平天国运动首领洪秀全，吸取早期基督教义中的平等思想，创立拜上帝会，主张建立远古"天下为公"的盛世。1851年，洪秀全发动金田起义，建国号太平天国，自称天王，定都南京，颁布《天朝田亩制度》。在中外反动势力的联合镇压下，太平天国运动最终失败。

学究天人

王锡阐

■名片春秋 ｜

王锡阐（1628～1682），江苏吴江人，清朝著名的天文历算学家。生于明末，极富爱国之情，时值清军南下，他以投河自尽表示尽忠明朝，遇救之后，他又绝食七日，后来虽因父母强迫，不得已而复食，但从此放弃科举，隐居乡间，以教书为业。其最重要的天文著作是《晓庵新法》，在批判吸收外来学说、发展天文理论方面做出了许多贡献，使中国天文学与西方天文学开始走向融合。

■风云往事 ｜

　　苏州的王锡阐在洒满阳光而又布满荆棘的自学道路上刻苦钻研，勤奋努力，终成影响巨大的天文数学大师。他以卓越的成就使自己的名字被镌刻在科学历史的丰碑上，他那"路漫漫其修远兮，吾将上下而求索"的探索精神永远激励着后人奋发向上。

◇聪颖嗜学　刻苦钻研◇

　　王锡阐出生在吴江震泽，震泽是太湖的古称，因镇近太湖，遂以震泽称之，尤以小桥流水闻名，

震泽八咏·陆子幽居

王锡阐
秋空村市晚烟疏，
皮陆当年此钓鱼。
千载废庐人仿佛，
迄今谁数日休居？

161

▲ 江苏吴江王锡阐纪念馆内
王锡阐塑像

▲ 江苏吴江王锡阐纪念馆

有"禹迹桥""思范桥""慈云禅寺""慈云寺塔""蠡泽湖"等古迹。王锡阐曾写有《震泽八咏》《江南曲四首》等歌颂家乡和家乡人。王锡阐自幼嗜学，11岁以后，就专心研究天文学，早年的科学兴趣为其此后的科学生涯奠定了基础。他数十年勤奋治学不辍，以观测勤勉著称。每遇天色忽变，他必定仰察星象，能做到不吃不睡。他家庭虽贫寒，但贫贱不移其志，丝毫没有影响到他对天文数学知识的追求。他平时谢绝虚浮的应酬，终日闭户研究，常常把观察到的星象画在家里的墙上和帐顶上，细心揣摩，这也预示着他未来的成功。

王锡阐聪明颖异，性格孤僻，这也使他在童年时几乎没有玩伴。他好思考，不善交际。当时一般的读书人，对于数学上割圆、勾股的测量方法，大多感到目眩心迷，难以弄清楚，然而王锡阐却能手画口谈，好像下棋时的黑子白子一样清楚。他常常说，自己无论坐着还是躺着，总觉得像有一个浑天仪在面前，日、月、五星交错地在浑天仪上横行，由此可见他专心致志的程度。他曾经说，自己与不合之人相见的时候，往往面面相觑，可以一天不讲话。然而与志同道合的人讨论古今，却又能够纵论不休、滔滔不绝，没有停止的时候。他还说，因为家里贫困，得不到很多书，但即使得到了许多书，自己也并不都读，读过也并不都记得；只是当读书有所心得的时候，才会欢喜雀跃。学以致用的读书方法在他身上体现得淋漓尽致。

除了勤奋外，他还善于学习他人之长。他勇敢地摒弃科举，隐居乡间，以教书为业，并长期致力于数学、天文学的研究。他的治学态度严肃认真，为掌握第一手资料，不惜忍受夏天的蚊虫叮咬，冬天的刺骨寒风，数十年如一日，坚持观测星象，35

岁那年终于完成了名著《晓庵新法》。王锡阐虽一生清贫,但矢志于学,其成就令世人瞩目。著名思想家、学者顾炎武称他"学究天人,确乎不拔,吾不如王寅旭",这是对王锡阐的高度评价。

正是通过他的勤奋好学和孜孜以求,王锡阐才最终成为清代杰出的天文学家和数学家。

◇爱国情深 矢志不渝◇

王锡阐与叔父一起生活度日,家境贫困。但在 11 岁开始悉心于学,他的诗文基础很好,现在吴江图书馆就藏有他的诗文集。与所有读书人一样,王锡阐本可以通过科举获取功名,然而,清兵入关,改变了他的命运。

清兵的到来给吴江和震泽人民带来了灾难。面对这场巨变,有着忠君思想的王锡阐作出的反应是自杀殉国。他先是投河,遇救未死,又绝食七日,后来在父母强迫下才不得不重新进食。这并不是他的一时冲动,他的报国之思、亡国之痛是刻骨铭心的,这伴随了他的一生。王锡阐放弃科举,为明守节,穿古衣、用古字表示对现实的不满。

王锡阐忠于亡明,不愿与清廷合作,自然地与明朝遗民中的一些志同道合者走到一起。他最密切的朋友是潘柽章和吴炎。他们一起参加了以眷怀故明、耻事新朝为宗旨的惊隐诗社,一起仿《史记》体例,编《明史记》。该记由潘柽章作本记和志,吴炎撰世家列传,王锡阐写年表历法,戴笠编流寇志。他们寒暑无间,埋头写作。然而清政府兴文字狱,

▲ 康熙帝

顺治年间,吴江一带文人成立了惊隐诗社,当时入社的有顾炎武、潘柽章、吴炎等诸多名流,王锡阐为惊隐诗社成员之一。

潘、吴两人因列名于庄廷龙《明史》校阅而被处死，两人的妻子也在流徙途中自尽。惊隐诗社遭此变故，也在无形中解散。"明史案"使王锡阐变得谨慎，以后不再公开为亡明修史了。

▲ 《晓庵新法》封面

《晓庵新法》有两个特点引人注目：一是王锡阐对西法有很多批评；二是有一些重要创新，如后两卷的"月体光魄定向"。

◇晓庵新法　流传古今◇

《晓庵新法》是王锡阐最重要的天文著作。全书共六卷，其中第一卷讲述了天文计算中必需的三角学知识，用中国的文字定义了三角函数；第二卷给出了重要的天文数据；第三卷用中西混合的方法指出了朔望、节气时刻及日、月、五星的位置；第四卷研究日夜长短及日月五星的视直径；第五卷给出了确定日心、月心连线的方法；第六卷讨论了日月交食、金星凌日等重要的天文现象。其中，金星凌日的计算为王锡阐首创。

在王锡阐的另一部著作《五星行度解》中，他建立了自己的宇宙模型。该模型与主张行星绕太阳转、太阳绕地球转的第谷体系颇为相似。他还讨论了水内行星存在的可能性，认为太阳黑子正是水内行星凌日的结果。这一观点在今天看来价值不大。但较之中国古代万能的阴阳二气解释，显然是一个进步，这也表明中国天文学在西学冲击下，内部思想方法已发生了微妙变化。王锡阐在其著作《五星行度解》主张如下的宇宙模型：五星本天皆在日天之内，但五星皆居本天之周，太阳独居本天之心，少偏其上，随本天运旋成日行规。

王锡阐之所以要刻意标榜与西方人不同，有着特殊的政治思想背景。他是明朝遗民，明亡后拒仕清。他对于清之入主华夏、清政府颁用西方天文学并任用西洋传教士领导钦天监，有着双重的强烈不满。和中国传统天文学方法相比，当时传入的西方天文学在精确推算天象方面有着明显的优越性，但他从感情上无法接受这一事实。他坚信中国传统天文学方法之所以落入下风，是因为没有高手能将传统方法的潜力充分发挥出来。为此他撰写了中国历史上最后一部古典形式的历法《晓庵新法》，试图在保留中国传统历法形式的前提下，融入一些西方天文学的具体方法。但是他的这一尝试远未能产生他所希望的效果，《晓庵新法》则成了特别难读之书。

▲ 三辰晷

　苍天不负有心人，王锡阐孜孜不倦几十年如一日的研究，在天文这块领域里他独树一帜，取得了杰出的成就，写下了《大统历法启蒙》《三辰晷志》《西历启蒙》《历表》《历策》《历说》《晓庵新法》等著作。这些呕心沥血的著作，为后人研究天文科学提供了极珍贵的资料。

◇博览群书　学问深厚◇

　王锡阐不仅是天文学家，也是学者、诗人。他艰苦力学，博览群书，学问根底广博深厚，尤其醉心于哲学。他反对王阳明的主观唯心主义，提倡"经世致用"，与顾炎武的论学宗旨相同，只是尊崇程朱。从中年起，他先后与当时的著名学者张履祥、吕留良、钱澄之等一起讲授濂洛之学；应松江周篆之约，组织讲学会，具有很高的威望，受到后辈的尊重。同时对于《诗经》《易经》《春秋》等，有很多独特的见解。他的诗文峭劲有奇气，不一定求工，大多率意而出，尽意而止。特别是诗歌，有才华并显得清妙。他不去沿袭追求时尚，却处处流露出平生的志向和节概。例如"我固冰雪心，炎燎不能灰""蝉

▲ 江苏吴江王锡阐墓

由于王锡阐无子，学无传人，加上他的著作都用篆字，大部分人们都不认识，所以遗稿颇多散失，仅幸存的50多种遗稿得以搜集刊行。

抱高枝鸣，竭死声不哀"。从这也看出他清洁纯正的心灵与品性。

由于常年劳累，王锡阐在贫病交加中与世长辞，葬于震泽家乡。道光十七年（1837），江苏巡抚林则徐重建了王锡阐墓。1982年3月，王锡阐墓被列为省级文物保护单位。1998年11月，吴江市政府在他的墓地和祠堂原址建起了王锡阐纪念馆。2000年4月，该馆被中共吴江市委、市政府命名为吴江市爱国主义教育基地，同年12月被中共苏州市委宣传部命名为第二批苏州市爱国主义教育基地，旨在弘扬他矢志不渝献身科学的精神，同时也成为对广大青少年进行爱国主义教育的场所。

■ 历史评价

王锡阐对于天文学的研究在当时产生了深远影响。他与当时北方的历算名家薛凤祚并称为"南王北薛"。与王锡阐交谊甚笃的顾炎武十分推崇他的天文学造诣，曾作《广师》一文，文中有："学究天人，确乎不拔，吾不如王寅旭"之句。天文数学大家梅文鼎亦说："历学至今日大著，而能知西法复自成家者，独青州薛仪甫，吴江王寅旭两家为盛。薛书授予西师穆尼阁，王书则于历书悟入，得于精思，似为胜之。"对于未能早知其人，同他深研此学，梅文鼎深感惋惜。

限于当时条件，王锡阐未能接触到欧洲天文学的最新发展，他会通中西，以求得更好的历法的尝试也不可能获得真正的成功，但其出色的研究才能，对中西历法精深独到的见解以及一生致力于探求数理之本的努力使他在明清天文学史中占有一席之地。

■大事坐标 |

1628 年　出生。
1644 年　清兵入关，殉国未成，绝食七日。
1650 年　加入吴江一带文人成立的惊隐诗社。
1662 年　开始写作《晓庵新法》。
1663 年　清政府兴文字狱，惊隐诗社在无形中解散。
1682 年　去世。

■关系图谱 |

数学名家

李善兰

■名片春秋 ¦

李善兰（1811～1882），原名李心兰，字竟芳，号秋纫，别号壬叔，浙江海宁人。近代著名的数学、天文学、力学和植物学家。在数学的许多方面取得了独创性成就，创立了二次平方根的幂级数展开式、各种三角函数、反三角函数和对数函数的幂级数展开式，这是 19 世纪中国数学界最重大的成就。他还从事过翻译、教育工作，为国家的科学进步做出了重要贡献。

■风云往事 ¦

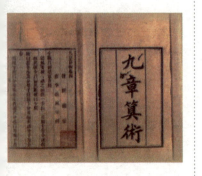

▲《九章算术》书影

◇资禀颖异　勤奋好学◇

　　李善兰出身于读书世家，受到良好读书风气的影响，他自小喜欢读书。他资禀颖异，勤奋好学，于所读之诗书，过目即能成诵。9 岁时，李善兰发现父亲的书架上有一本中国古代数学名著——《九章算术》，读完后感到十分新奇有趣，从此迷上了数学。9 岁，在人的一生中是刚刚步入寻求知识的时候，大多数人在少年时代只能掌握最基本的浅显易懂的知识，不可能涉足专门的深奥的知识。只有个别人例外，他们在少年时代就显露了超群的智慧和才能，独立完成成年人也不容易完成的事情。李善兰小小年纪学通《九章》就是一个例子。

《九章》是《九章算术》的简称，它概括了从先秦到东汉初年的诸多数学成就，也是我国最早的一本较为详细的数学著作。由于书中收入的 246 个问题分成九章，所以书名叫《九章算术》。有一天，李善兰偶然在父亲的书架上发现了《九章算术》，便拿起来看，一边看，一边还动手算。他觉得书中的问题很有趣，一看就舍不得放下，到了废寝忘食的地步。仅仅一两年的工夫，李善兰就把《九章算术》学通了，这也使他对算术更感兴趣了。

14 岁时，李善兰又靠自学读懂了欧几里得《几何原本》前六卷，这是明末徐光启 (1562~1633)、利玛窦 (M. Ricci, 1522~1610) 合译的古希腊数学名著。欧氏几何严密的逻辑体系，清晰的数学推理，与偏重实用解法和计算技巧的中国古代传统数学思路迥异，自有它的特色和长处。李善兰在《九章算术》的基础上，又吸取了《几何原本》的新思想，他的数学功底更加深厚了。

几年后，作为州县的生员，李善兰到省府杭州参加乡试。结果八股文没做，落第。但他却毫不介意，而是利用在杭州的机会，留意搜寻各种数学书籍，买回了李冶的《测圆海镜》和戴震的《勾股割圆记》，仔细研读，使他的数学水平有了更大提高。最终他通过勤奋学习，终于成为著名的数学家。

▲ 李善兰

《几何原本》

古希腊数学家欧几里得所著的一部数学著作，共 13 卷。这本著作是现代数学的基础，在西方是仅次于《圣经》而流传最广的书籍。

◇乍浦遭劫 科学救国◇

在李善兰 29 岁的时，英法殖民主义者发动了鸦片战争，疯狂侵略我国。1842 年 5 月 18 日，英国侵略军攻占江、浙两省海防重镇乍浦。由于乍浦距

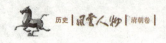

李善兰的家乡海宁不到50千米，所以，英国侵略军的种种暴行以及清朝投降派人物的不抵抗行为，很快传到李善兰耳中。

后来，李善兰到乍浦，当看到侵略者的暴行时，他的心里万分伤痛。他写了《乍浦行》《汉奸谣》《刘烈女诗》等诗篇，抒发了他的情怀，同时鞭挞了投降派。鸦片战争爆发，帝国主义列强入侵中国的现实激发了李善兰科学救国的思想。他对数学研究的决心更加坚定了。

李善兰的数学成就主要在尖锥术、垛积术、素数论三个方面。其主要著作都汇集在《则古昔斋算学》内，共13种24卷，其中对尖锥求积术的探讨，已初具积分思想，对三角函数与对数的幂级数展开式、高阶等差级数求和等题解的研究，皆达到中国传统数学很高的水平，成为清代著名的数学家，时至今日，其影响依旧。

◇合作翻译　精益求精◇

外国列强对我国的侵略，使李善兰愤慨万分。他认为，中国要想不受人欺侮，就要发展科学技术，要学习西方的科学技术，把别人的长处变成自己的长处。这样才有力量保家卫国，国家才会富强。李善兰在"科学救国"的思想影响下，来到上海，寻求救国的良方妙药。在上海，有一个英国传教士伟烈亚力，是汉学家，他读了许多中文书籍，精通天文、数学，会说流利的中国话。当他读了李善兰的《对数探源》以后，非常钦佩，希望能和李善兰交朋友。后来经人介绍，他们终于见了面。两个人一见如故，说话很投机。交谈中，李善兰提到了他的夙愿，说："我15岁时，曾经读过利玛窦、徐光启合译的《几何原本》前六卷，觉得这部书很好，很有用。可惜没有译完。我想，后九卷一定更深奥，想研究它，

乍浦行（节选）

壬寅四月夷船来，海塘不守城门开。官兵畏死作鼠窜，百姓号哭声如雷。夷人好杀攻用火，飞炮轰击千家灰。……朝廷养兵本卫民，临敌不战为何哉？

▲李善兰《则古昔斋算学》书影

可没有书。"伟烈亚力说："你对《几何原本》这么感兴趣，那太好了。我有这本书的后九卷，你可以把它译成中文，使它成为一部完整的中文译本。""先生，我不懂英文，翻译不了啊！""那好办，我和你合作，就像当年利玛窦和徐光启合作那样。""太好了！没想到渴望 20 多年、间断 200 多年的书，今天居然由我们两个完成。

从此之后，两人便开始合作，共同翻译《几何原本》。他那种细致的工作作风，得到伟烈亚力的赞扬。李善兰常常为了一句话或一个名词，苦苦思索好几天，才找到准确表达原意的词句。经过四年的艰苦努力，终于全部译完。欧几里得的《几何原本》在中国有了完整的译本。伟烈亚力对此很满意，高兴地说："西欧各国以后要想得到《几何原本》的善本，必须到中国来找！"后来，李善兰还和一些英国科学家合译了物理学、天文学、生物学的许多著作。他的译文内容准确，用词简练，有很多专用名词一直沿用到现在，像"细胞""子房""胚胎"等。他不愧是沟通中西科学的先行者。

▲ 李善兰坐像

◇带病教学　鞠躬尽瘁◇

1868 年经著名洋务派官员郭嵩焘推荐，李善兰进入北京担任京师同文馆天文算学总教习。同文馆是当时中国最高的学习研究西方科学文化的学称。从此，他十三年如一日，一心扑在教学上。他可以说是近代第一个数学教授，培养了很多弟子，弟子中有许多人成了有成就的专家。

李善兰晚年，身体过于发胖，心力日衰，常常步履艰难，需要有人搀扶。可他不顾病痛，仍然坚持上课，撰写著作。有一天，李善兰在熊方伯等三名学生的搀扶下走上讲台，用嘶哑的声音讲课。上数学课光讲不行，必须边讲边画图。当他想站起来，

▲ 李善兰、徐寿、华蘅芳
在江南制造总局

转过身去画图时，腿脚已经不听使唤了，跌倒在讲台上。李善兰想，绝不能因为我个人的事而影响学生的学习，必须想一个办法，解决自己不能画图的问题。他左思右想，终于想出了好办法。他用几张大纸，把讲课时需要画的图全部事先画好，讲课前叫学生挂上。学生们见了，深受感动。

在去世之前，李善兰已经不能教课，于是在家里写书。1882年夏天，几个学生去家里看望他。他正坐在床上，一边擦汗，一边写《级数勾股》。学生们劝他："李老师，天这么热，你就休息休息吧，不要苦干了。"李善兰说："我的时间不多了，必须抢时间，要在短时间内把我已经想好的东西写完。不然，装在脑瓜里的东西被埋到地下，怪可惜的。"学生们听他这么说，都哭了。"你们不要难过，人的生死是自然规律。我早想好了，临死前，把想干的事都干完，死后也就没有什么遗憾了。"

1882年12月9日，李善兰去世了。他在数学上取得的非凡成就，使他成为中外公认的近代最杰出的数学家。这些成就包括：独创了"尖锥术"，建立了"对数论"，提出了有名的"李善兰恒等式"等。

■历史评价 ｜

在19世纪把西方近代物理学知识翻译为中文的工作中，李善兰做出了重大贡献。他的译书也为中国近代物理学的发展起了启蒙作用。同治七年（1868），李善兰到北京担任京师同文馆天文算学总教习，执教达13年之久，培养了中国近代第一代科学人才。李善兰为近代科学在中国的传播和发展做出了开创性的贡献。

李善兰成为继梅文鼎之后清代数学史上的又一杰出代表。他一生翻译西方科技书籍甚多，将近代科学最主要的几门知识从天文学到植物细胞学的最

李善兰恒等式

组合数学中的一个恒等式，由数学家李善兰于1859年在《垛积比类》一书中首次提出，因此得名。

李善兰数学造诣颇深，有学者称"其精到之处自谓不让西人，抑且近代罕匹"。

新成果介绍到中国，对促进近代科学的发展做出卓越贡献。自 20 世纪 30 年代以来，李善兰受到国际数学界的普遍关注和赞赏。

■大事坐标 ｜

1811 年	出生。
1825 年	靠自学读懂了欧几里得《几何原本》前六卷。
1845 年	在嘉兴陆费家设馆授徒。
1852 年	在上海墨海书馆与英国汉学家伟烈亚力合译欧几里得《几何原本》后九卷。
1862 年	受曾国藩重用，积极参与洋务新政中有关科学技术方面的活动。
1867 年	刊行《则古昔斋算学》。
1868 年	为京师同文馆天文算学总教习。
1882 年	去世。

■关系图谱 ｜

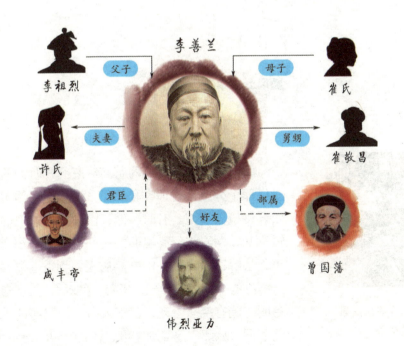

中国铁路之父

詹天佑

■名片春秋 |

詹天佑（1861～1919），字眷诚，号达朝，原籍安徽婺源（今属江西），生于广东南海。中国近代铁路工程专家。12岁留学美国学习土木工程及铁路专科，大学毕业获学士学位归国，主持修建我国自建的第一条铁路——京张铁路，震惊中外。有"中国铁路之父""中国近代工程之父"之称。

■风云往事 |

◇出国求学 名列前茅◇

詹天佑出身于普通的茶商家庭。儿时的詹天佑对机器十分感兴趣，常和邻里孩子一起，用泥土仿做各种机器模型。有时，他还偷偷地把家里的自鸣钟拆开，摆弄和琢磨里面的构件，提出一些连大人也无法解答的问题。1872年詹天佑到香港报考清政府筹办的"幼童出洋预习班"。考取后，父亲在一张写明"倘有疾病生死，各安天命"的出洋证明书上画了押。从此，他辞别父母，怀着学习西方"技艺"的理想，来到美国留学就读。

▲ 詹天佑（后排右二）在美国与棒球队队友的合影

在美国，出洋预习班的同学们，目睹北美西欧科学技术的巨大成就，对机器、火车、轮船及电讯制造业的迅速发展赞叹不已。有的同学由此对中国产生悲观情绪，詹天佑却坚定地说："今后，中国也要有火车、轮船。"他坚信祖国一定会富强起来，于是发奋学习，刻苦努力，于 1867 年以优异的成绩毕业于纽海文中学。同年 5 月考入耶鲁大学土木工程系，专攻铁路工程。在大学的四年中，詹天佑刻苦学习，以突出成绩在毕业考试中名列第一。1881 年，在 120 名回国的中国留学生中，获得学位的只有两人，詹天佑就是其中的之一。

▲ 湖北武汉詹天佑故居

◇报效祖国　崭露头角◇

回国后，詹天佑满腔热忱地准备把所学本领贡献给祖国的铁路事业。但是，清政府洋务派官员迷信外国，在修筑铁路时完全依靠洋人，竟不顾詹天佑的专业特长，把他差遣到福建水师学堂学驾驶海船。1882 年 11 月他被派往旗舰"扬武"号担任驾驶官，指挥操练。1883 年，中法战争爆发，第二年，法国舰队陆续进入闽江。可是主管福建水师的投降派船政大臣何如璋却不闻不问，甚至下令："不准先行开炮，违者虽胜亦斩！"这时，詹天佑便私下对"扬武"号管带（舰长）张成说："法国兵船来了很多，居心叵测。虽然我们接到命令，不准先行开炮，但我们决不能不预先防备。"正因为詹天佑的告诫，"扬武"号做好了战斗准备。当法国舰队发起突然袭击时，詹天佑冒着猛烈的炮火，沉着机智地指挥"扬武"号左来右往，避开敌方炮火，抓住战机用尾炮击中法国指挥舰"伏尔他"号，使法国海军远征司令孤拔险些丧命。对这场海战，上海英商创办的《字林西报》在报道中也惊异地赞叹："西方人士料不到中国人会这样勇敢力战。""扬武"号兵舰上的五个学

中法战争

1883~1885 年由于法国侵略越南并进而侵略中国而引起的一次战争。冯子材统率各部于镇南关（今友谊关），给法国陆军带来较重伤亡。

▲ 青年詹天佑

詹天佑主持修建的滦河铁路大桥至今仍在昌黎与滦县交界处巍然屹立着，诉说着中国铁路建设的辉煌历史。

生，詹天佑的表现最为勇敢。他临大敌而毫无惧色，并且在生死存亡的紧要关头还能镇定如常，鼓足勇气，在水中救起多人……"

从战后到 1888 年，詹天佑几经周折，转入中国铁路公司，担任工程师，这是他献身中国铁路事业的开始。

上任不久，詹天佑就遇到了一次考验。因为当时从天津到山海关的津榆铁路要经过滦河，所以要造一座横跨滦河的铁路桥。滦河河床泥沙很深，又遇到水涨急流。铁桥开始由号称世界第一流的英国工程师担任设计，但失败了；又请日本工程师包工，也不管用，最后让德国工程师出马，不久也败下阵来。詹天佑要求中国人自己来设计，负责工程的英国人在走投无路的情况下，只得同意让詹天佑来试试。詹天佑是一个踏实认真的人，他分析总结了三个外国工程师失败的原因后，身着工作衣与工人一起实地调查。夜晚，他借着幽暗的油灯，仔细研究滦河河床的地质构造，反复分析比较，最后才确定桥墩的位置，并且大胆决定采用新方法——"压气沉箱法"来进行桥墩的施工。最后詹天佑成功地把滦河大桥建成了。这件事震惊了世界：一个中国工程师居然解决了三个外国工程师无法完成的大难题。

◇京张铁路　为国争光◇

詹天佑初战告捷后，遇到了更为严峻的考验。1905 年，清政府决定兴建我国第一条铁路——京张铁路（北京至张家口）。英、俄两国都想插手，因为中国人民的强烈反对，他们的企图没能得逞。英、俄使臣以威胁的口吻说："如果京张铁路由中国工程师自己建造，那么与英、俄两国无关。"他们原以为如此一来，中国就无法建造这条铁路了。

在这关键时刻，詹天佑毫不犹豫地接下了这个艰巨的任务，全权负责京张铁路的修筑。消息传来，一些英国报刊挖苦说："中国能够修筑这条铁路的工程师还在娘胎里没出世呢！中国人想不靠外国人自己修铁路，就算不是梦想，至少也得 50 年。"他们甚至攻击詹天佑担任总办兼总工程师是"不自量力""狂妄自大"。詹天佑顶着压力，坚持不任用一个外国工程师，并表示："中

▲ 詹天佑（车下右起第三人）等人在京张线建成时的合影

国地大物博，而于一路之工必须借重外人，我以为耻！""中国已经醒过来了，中国人用自己的工程师和自己的钱来建筑铁路。"

　　1905 年 8 月，京张铁路正式开工，紧张的勘探、选线工作开始了。詹天佑带着测量队，身背仪器，奔波在崎岖的山岭上。一天傍晚，猛烈的西北风卷着沙石在八达岭一带呼啸怒吼，刮得人睁不开眼睛，测量队着急结束工作，随便填了个数字，就从岩壁上爬下来。詹天佑接过本子，一边翻看填写的数字，一边疑惑地问："数据准确吗？""差不多"，测量队员回答说。詹天佑严肃地说："技术的第一个要求是精密，不能有丝毫模糊和轻率，'差不多''大概'这类说法不应该出于工程人员之口。"接着，他背起仪器，冒着风沙，重新吃力地攀到岩壁上。认真地复勘了一遍，修正了一个个误差。当他下来时，嘴唇已冻青了。

　　不久，勘探和施工和进入最困难的阶段。在八

▲ 京张铁路

▲ 京张铁路"人字形"路线

保路运动

清朝末年掀起的运动，也称作"铁路风潮"，是四川、广东、湖南、湖北等省人民反对清政府将民办的川汉、粤汉铁路出卖给帝国主义的群众运动。

达岭、青龙桥一带，陡壁悬岩，山峦重叠，要开四条隧道，其中最长的达 1 000 多米。詹天佑经过精确测量计算，决定采取分段施工法：从山的南北两端同时对凿，并在山体中段打了一口竖井，然后在井下再向南北两端对凿。这样做不光是为了保证施工质量，也为了能加快工程进度。凿洞时，大量的石块全靠人工一车车运出来，涌出的泉水要一担担地挑出来，身为总工程师的詹天佑毫无架子，与工人同挑水，同运石，一身污泥一脸汗。他还鼓舞大家说："京张铁路是我们用自己的人、自己的钱修建的第一条铁路，全世界的眼睛都在望着我们，必须成功！""无论成功或失败，绝不是我们自己的成功和失败，而是我们国家的成功和失败！"

为了克服陡坡行车的困难，保证火车安全爬上八达岭，詹天佑独具匠心，创造性地运用"折返线"原理，在山多坡陡的青龙桥地段设计了一段人字形线路，减少了隧道的开挖，降低了坡度。列车开到这里，配合两台大马力机车，一拉一推，保证列车安全上坡。

詹天佑对全线工程曾提出"花钱少，质量好，完工快"三项要求。在工人们几年奋斗下，京张铁路终于在 1909 年 9 月全线通车。原计划六年完成，结果只用了四年就完工，工程费用只及外国人估价的五分之一。一些欧美工程师参观后啧啧称道，赞誉詹天佑了不起。但詹天佑却谦虚地说："这是京张铁路一万多员工的力量，并非我个人的功劳，光荣应该属于大家。"

京张铁路建成后，詹天佑继任了粤汉铁路督办兼总工程师。这时，美国决定授予他工科博士学位，希望他亲自去美国参加授衔仪式。但为了全力参加祖国铁路建设，他放弃了这一荣誉。

◇保路爱国　精研学术◇

在保路运动发展过程中，詹天佑召集各部门负责人，宣布决心坚守岗位，任何人如果想走都可以离开，但必须把经办工作交代清楚。在詹天佑的影响下，粤路公司无一人离去，在整个革命期间，列车照常开行。而邻近的广三铁路，因领导人员率先逃跑，铁路运输和财产损失重大。

在辛亥革命后，为了振兴铁路事业，詹天佑和同行发起成立了中华工程学会，并被推选为会长。这期间，他对青年工程技术人员倾注了大量心血，除了以身作则外，还勉励青年"精研学术，以资发明"，要求他们"勿屈己徇人，勿沽名而钓誉。以诚接物，圭璧束身，毋挟褊私，以为范例。"

詹天佑从事铁路事业 30 多年，几乎和当时我国的每一条铁路都有不同程度的关系。到晚年，因积劳成疾，不幸于 1919 年病逝。周恩来同志曾高度评价詹天佑的功绩，赞誉他是"中国人的光荣"。

▲ 詹天佑故居

■历史评价 |

在中国铁路发展史上，詹天佑是中国第一位铁路工程师。在他的领导下，铁路人奋发拼搏，自力更生，战胜千难万险，成功地建成了我国自己建造的第一条铁路——京张铁路。这是我国铁路建设史上的一座最伟大的里程碑。

在当时，我国修建的每一条铁路都渗透着他的心血和汗水，他毕生的精力都献给了中国铁路事业。他常年奔波在野外山岭，和工人们同吃同住，风餐露宿；他在洋工程师面前从不低头，创造了使帝国主义为之感叹的成就。如今，我国的铁路四通八达，飞速发展，正在向着现代化加速前进，而我国铁路

▲ 京张线青龙桥车站詹天佑像

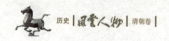

事业的开拓者就是詹天佑。他的爱国、拼搏和奉献精神将永远激励着后人。

■大事坐标 |

1861 后	出生。
1872 年	到香港报考了清政府筹办的"幼童出洋预习班",留学美国。
1877 年	考入美国耶鲁大学土木工程系,专攻铁路工程。
1888 年	成为中国第一名铁路工程师。
1905~1909 年	主持修建我国自建的第一条铁路——京张铁路。
1919 年	年初,受命往海参崴和哈尔滨任协约国监督远东铁路会议中国代表。4 月 24 日逝世于汉口。

■关系图谱 |

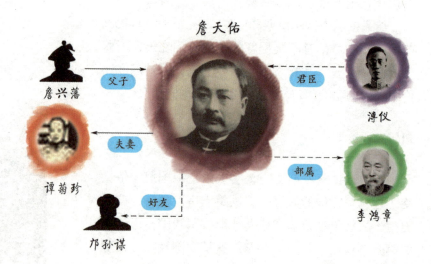

太平天国运动首领

洪秀全

■名片春秋 |

洪秀全（1814～1864），原名洪仁坤，小名火秀，汉族客家人，原籍广东嘉应州（今广东梅州），生于广东花县（今广州花都区）。太平天国创建者及思想指导者。道光年间屡应科举不中，遂吸取早期基督教义中的平等思想，创立拜上帝会，撰《原道救世歌》以布教，主张建立远古"天下为公"盛世。1851年，洪秀全发动金田起义，建国号太平天国，自称天王。定都南京。

■风云往事 |

◇屡试不第 改信基督◇

洪秀全祖籍广东，出身于耕读世家，7岁起在村中书塾上学，熟读四书五经及其他古籍。洪秀全自小就很聪明，传说在一个星光灿烂的夏夜，他和小伙伴到池塘游泳，看到明亮的繁星倒映在池塘里，波光翻滚，满池生辉。洪秀全随口吟一联："夜浴鱼池摇动满天星斗，早登鳞阁力挽三代乾坤。"上联据事写景，以景述情，构思奇特，气魄雄伟；下联直

▲ 洪秀全铜像

▲ 洪秀全石像

抒胸怀，言明志向，映衬上联，深化用意。

虽然村中父老都看好洪秀全，认为他一定能考取功名光宗耀祖，然而三次乡试，洪秀全都以落选告终。第三次在广州落选后，他已25岁了，受此打击，回家以后重病一场，一度昏迷。病中幻觉有一老人对他说：奉上天的旨意，命他到人间来斩妖除魔。从此，洪秀全言语沉默，举止怪异。但是洪秀全并不甘心考试的失败，在六年后1843年的春天，他再一次参加了广州的乡试，结果仍以落选告终。

这时，洪秀全翻阅在广州应试时收到的基督徒梁发的《劝世良言》一书，把书中内容与自己以前大病时的幻觉对比，认为自己就是受上帝之命下凡诛妖的人，盛怒之下抛下了孔孟之书，改信奉基督教的教义，就连家里的孔子牌位也换成了上帝的牌位。虽然未曾读过《圣经》，洪秀全却逢人便宣传他所理解的基督教教义，称之为"拜上帝教"。

◇宣传教义　信徒倍增◇

洪秀全最初在广州附近传教，但并未取得很大成功。1844年，洪秀全和冯云山转至广西一带传教。洪秀全不久便返回广东，冯云山留下发展，在当地的信徒日增。1845~1846年间，在家乡的洪秀全写下《原道觉世训》《原道醒世训》《百正歌》等。

清朝，广西象州有座甘王庙。象州的州官造谣说自己是甘王爷派来管理老百姓的，实际上只是为了让老百姓服服帖帖地受他的管制。老百姓本来就怕甘王爷，这一下对甘王爷更害怕了，都争着到甘王庙来供奉。当地的统治者就把这些贡品私下里瓜分了。洪秀全当时正在这一带发动群众，准备起义。他听闻这件事，非常气愤，决定除掉这个甘王爷，也为了鼓动老百姓跟着自己造反。有一天，洪秀全带了一批人冲进甘王庙。洪秀全先用竹竿敲打甘王

冯云山是洪秀全的表亲和同学，关系极为密切。后为太平天国运动初期的重要领袖之一，官封南王，被称作七千岁。

爷的头。接着，大家七手八脚，有挖眼睛的、拔胡须的、有踩帽子的、撕龙袍的，还有扭胳膊的、砸身子的，不一会儿，威风凛凛的甘王爷就变成了一堆烂泥。

洪秀全大闹甘王庙的消息，轰动了附近的村镇。人们都为洪秀全捏了一把汗，以为甘王爷准要降灾他们。可是，过了好多天，洪秀全他们什么事也没有，老百姓这才知道上了州官们的当，因此，十分佩服洪秀全他们的胆量，有很多人都跟着洪秀全参加了太平天国的反清运动。

▲ 广东花县洪秀全墓

◇金田起义　定都天京◇

因为影响不断扩大，拜上帝会与当地封建传统势力发生冲突，斗争日剧。其间，洪秀全与冯云山及广西人杨秀清、萧朝贵、韦昌辉、石达开形成领导核心，逐渐明确了推翻不信上帝的清朝统治者而另建新朝的目标。洪秀全自称天父次子、天兄耶稣胞弟，其余五首领并为天父之子，以坚定信徒信心。1850 年夏，广西群众反清的斗争达到高潮，清朝在广西的统治濒于瘫痪，洪秀全乘机通知散居各地的信徒到桂平金田村会合。半年间，会集万人，编组成军。1851 年 1 月 11 日建号"太平天国"，洪秀全自称天王。同年，设官封王，建立各项制度。1852~1853 年统帅所编太平军与清军作战，入湖南进湖北，沿长江攻占南京建都（号天京），统治长江中下游广大地区。

建都后，洪秀全颁布了《天朝田亩制度》。这一文件勾画出他理想中的社会蓝图：实行"凡天下田，天下人同耕"，每人都授与土地，不论男女，照人口均分。这是建立一个平均的、自给自足的、公有的小农社会的理想模式。但洪秀全的这种构想并不现实。1859 年洪仁玕提出《资政新篇》，主张兴办交

▲ 金田起义

▲ 洪秀全绣像

▲ 太平天国天王玉玺

通、银行和矿业等，与《天朝田亩制度》的倾向不同，但洪秀全也表示同意，此后他又重新刊布《天朝田亩制度》，但其中主要内容如平分土地等并未实行。

◇天京事变　危机日深◇

1856年9月，太平天国发生内乱。主要问题发生在杨秀清同洪秀全和其他领袖之间。洪秀全虽是天王，但杨秀清掌握了军政实权，并经常以天父代言人之名发号施令，权力逐渐凌驾于洪秀全之上。韦昌辉在洪秀全的默许下（一说是奉洪秀全之命）杀杨秀清，扩大事态，滥杀杨秀清部属。洪秀全在石达开威胁下，杀韦昌辉，以石达开主政。但是不久他对石达开心存疑忌，利用各种事情牵制他，致使石达开在第二年带兵出走，与洪秀全分裂。此次内讧，被称为天京事变，极大地打击了太平天国，大大损伤了内部实力。1858年，洪秀全重建领导核心，提拔后起的陈玉成、李秀成、李世贤等为方面军统帅，自己兼任军师。但鉴于杨、韦、石事件，家天下思想加重，洪秀全多任用才干不足或年幼无知的兄弟子侄，使领导机构的能力大为降低。1859年，洪秀全任命新到天京的族弟洪仁玕为"精忠军师干王"，居于首辅地位。洪仁玕颇具政治资才，但与太平天国渊源较浅，引起宿将不服。洪秀全遂普遍加官晋爵，以团结人心，虽收到暂时效果，但却导致各将领据地自雄的局面。

洪秀全在太平天国中致力于宗教甚于实际政务，在后期亲掌大权时亦如此。太平天国内乱后，军民产生失望和离心倾向。因此他进一步沉溺和求助于宗教，反复宣传天父天兄与其父子为"父子公孙"三代，其父子受天父天兄安排坐江山，因而是神圣不可动摇的。又改国号为"上帝天国"，旋又改回"太平天国"之上加"天父天兄天王"六字。这些宗教宣传和举措，较太平天国前期更为离奇而缺少社会内容，并未起到鼓舞士气、加强权威的作用。

1860 年太平天国攻占苏南等地后，与盘踞上海等地的外国势力接触较多，引起严重冲突。英国要求太平军不进攻上海等条约口岸地区。几经交涉，洪秀全同意在 1861 年内不进入距上海 100 里以内的地区，但拒绝了英国要求继续延期的要求，并于 1862 年 1 月派兵进攻上海。虽然有外国势力愿意与太平天国合作推翻清朝，平分中国土地，但洪秀全毅然拒绝了。在外国传教士的要求下，洪秀全一度同意外国教士可在太平天国领土内自由传教。但洪秀全对世界形势并不了解，对外仍以天朝大国自居，缺乏近代国家主权观念，因而轻易同意了外国在长江的航行通商权。

▲ 南京天王府遗址天王宝座

◇清朝镇压　起义失败◇

第二次鸦片战争后，清政府勾结外国侵略势力，对太平天国加强镇压力度。同治二年（1863）太平天国统治区相继失陷，天京遭清军包围，粮尽援绝。李秀成建议"让城别走"，洪秀全不从，誓死守卫天京。城内缺粮，他便亲自于草地寻拣百草，制成团，称之为"甜露"，要求人民以此为食。1864 年 6 月 1 日，洪秀全因病去世。7 月 19 日，清军攻破天京，太平天国政权灭亡。

■历史评价｜

太平天国运动与以往杀富济贫的农民起义不同，它有自己独特的改造社会的政策和思想，而其大多是由洪秀全提出的。洪秀全所著诗文及文告、诏旨很多，留传者已备于 1949 年后编辑出版的《太平天国》（"中国近代史资料丛刊"之一）、《太平天国史料》等书中。1949 年，毛泽东在《论人民民主专政》一

杜经国认为：西方的真理就是资产阶级民主主义，洪秀全开始向西方只找到了一个"皇上帝"，与西方资产阶级的民主主义毫不相干。

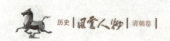

文中指出，洪秀全等人"代表了在中国共产党出世之前向西方寻找真理的人物"。孙中山也以"洪秀全第二"自居，他说："洪秀全未成而败，清人贬之为寇，而我们四人（指孙中山、陈少白、尤列、杨鹤龄）的志向正如洪秀全一样，那么，我们四人倒成了清廷的'四大寇'了。"

■大事坐标 |

1814 年	出生。
1843 年	创立拜上帝会。
1847 年	赴广西桂平紫荆山会冯云山，组织力量，开展政治斗争。
1851 年	金田起义，建立太平天国，称"天王"。
1853 年	定都南京，改称天京，颁布《天朝田亩制度》。
1856 年	密诏韦昌辉、秦日纲，诛杀杨秀清及其家人、部属 2 万多。
1857 年	石达开率 20 万精兵出走后，只得重用陈玉成、李秀成等，以扭转局势。
1859 年	命洪仁玕总理朝政。
1864 年	天京陷落前病死。

■关系图谱 |

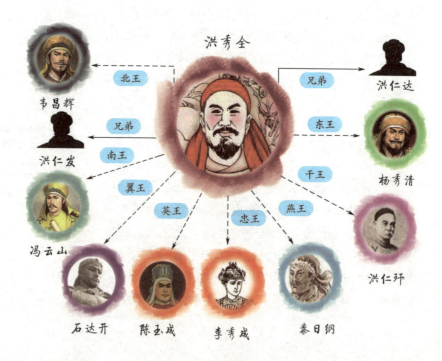